Beiträge zum Patentrecht

Von

W. Dunkhase
Geheimer Regierungsrat und Direktor im Kaiserlichen Patentamte zu Berlin

V

Das Patenterteilungsverfahren und das Patentamt

Berlin und Leipzig
G. J. Göschen'sche Verlagshandlung G. m. b. H.
1914

Das Patenterteilungsverfahren und das Patentamt

Von

W. Dunkhase
Geheimer Regierungsrat und Direktor im Kaiserlichen Patentamte
zu Berlin

Berlin und Leipzig
G. J. Göschen'sche Verlagshandlung G. m. b. H.
1914

Druck von Hallberg & Büchting
(Inh.: Alfred Klepzig), Leipzig

Übersicht.

	Seite
1. Organisation und Geschäftsbetrieb des Patentamts	7—11
2. Zahlungen an das Patentamt	11—13
3. Die Vertretung vor dem Patentamte	13—17
4. Zustellungen und Fristen	17—20
5. Die Erfordernisse der Anmeldung	20—38
6. Zusatzpatente	39—43
7. Die Vorprüfung	43—67
8. Das Verfahren vor der Anmelde-Abteilung bis zur Bekanntmachung	67—71
9. Die Bekanntmachung der Anmeldung und das Verfahren nach der Bekanntmachung	71—89
10. Das Beschwerdeverfahren	89—104
11. Das Verfahren beim Patentamt nach der Erteilung des Patents	104—127
A) Verordnung zur Ausführung des Patentgesetzes vom 7. April 1891 und des Gesetzes betr. den Schutz von Gebrauchsmustern vom 1. Juni 1891	127—133
B) Bestimmungen des Patentamts über die Anmeldung von Erfindungen vom 22. November 1898	133—137
C) Bekanntmachung des Patentamts vom 22. November 1898 zur Erläuterung vorstehender Bestimmungen	138—143
D) Gesetz, betreffend die Patentanwälte, vom 21. Mai 1900	143—149
E) Bekanntmachung, betreffend die Prüfungsordnung für Patentanwälte, vom 25. Juli 1900	150—152

Abkürzungen.

PG. = Patentgesetz
BGB. = Bürgerliches Gesetzbuch
ZPO. = Zivilprozeßordnung
PA. = Patentamt
RG. = Reichsgericht
OLG. = Oberlandesgericht
KG. = Kammergericht
LG. = Landgericht
PBl. = Patentblatt
Bl. = Blatt für Patent-, Muster- und Zeichenwesen
Ind. = Zeitschrift für Industrierecht
M. u. W. = Markenschutz und Wettbewerb
E. d. RG. ZS. = Entscheidungen des Reichsgerichts in Zivilsachen.
GR. = Gewerblicher Rechtsschutz und Urheberrecht.
Mitt. v. Verb. D. PA. = Mitteilungen vom Verband Deutscher Patentanwälte.
DJZ. = Deutsche Juristenzeitung

I. Organisation und Geschäftsbetrieb des Patentamts.

Die Erteilung von Patenten erfolgt durch das Kaiserliche Patentamt, welches seinen Sitz in Berlin hat (§ 13 des PG.).

Das Patentamt besteht aus einem Präsidenten, dessen Stellvertretern (Direktoren), sowie aus Mitgliedern, welche entweder die Befähigung zum Richteramt oder zum höheren Verwaltungsdienst besitzen (rechtskundige Mitglieder), oder welche in einem Zweige der Technik sachverständig sind (technische Mitglieder).

Für das Patenterteilungsverfahren sind in erster Instanz die Anmelde-Abteilungen zuständig, in welchen nur solche technische Mitglieder mitwirken dürfen, die auf Lebenszeit berufen sind. Die Beschlußfähigkeit der Anmelde-Abteilungen ist durch die Anwesenheit von mindestens drei Mitgliedern bedingt, unter welchen sich zwei technische befinden müssen. Für das Beschwerdeverfahren sind die Beschwerde-Abteilungen zuständig. Die Entscheidungen der Beschwerde-Abteilungen erfolgen in der Besetzung von zwei rechtskundigen und drei technischen Mitgliedern. Zu andern Beschlußfassungen genügt die Anwesenheit von drei Mitgliedern. Die technischen Mitglieder der Anmelde-Abteilungen dürfen nicht in den Beschwerde-Abteilungen, die technischen Mitglieder der letzteren nicht in den ersteren mitwirken[1]).

---

[1]) Gemäß § 14 Abs. 5 des PG. finden auf die Ausschließung und Ablehnung der Mitglieder die Vorschriften der Zivilprozeßordnung (§§ 41 bis 49) Anwendung. *Darnach sind kraft des Gesetzes* sowohl die technischen wie die rechtskundigen Mitglieder in denjenigen Sachen, in denen sie in erster Instanz bei der Erlassung der angefochtenen Entscheidung mitgewirkt haben, von der Mitwirkung in der Beschwerdeinstanz ausgeschlossen.

Das Patentamt ist auch für das Nichtigkeitsverfahren und das Zurücknahmeverfahren in Patentsachen zuständig. (Vgl. Beitrag VI.)

Zur Zuständigkeit des Patentamts gehören ferner die Gebrauchsmustersachen[2]) und die Warenzeichensachen[3]).

Das Patentamt ist verpflichtet, auf Ersuchen der Gerichte oder der Staatsanwaltschaft über Fragen, welche Patente, Gebrauchsmuster oder Warenzeichen betreffen, Gutachten abzugeben, sofern in dem gerichtlichen Verfahren voneinander abweichende Gutachten mehrerer Sachverständiger vorliegen (PG. § 18, Erlasse d. Reichskanzlers vom 20. 11. 1893 u. 10. 9. 1894, Ges. v. 12. 5. 1894 § 11 und Bl. 1899 S. 229).

Das ganze Gebiet der Technik ist für die Zwecke der patentamtlichen Prüfung in 89 Klassen eingeteilt, die im einzelnen wieder in Unterklassen zerfallen. Durch Erlaß des Reichskanzlers ist bestimmt, für welche Gebiete der Technik eine jede der Abteilungen zuständig ist.

Die Geschäftsleitung in den Anmelde-Abteilungen steht dem zum Vorsitz berufenen rechtskundigen oder technischen[4]) Mitgliede, die Geschäftsleitung in den Beschwerde-Abteilungen und in der Nichtigkeits-Abteilung dem Präsidenten oder dessen Stellvertretern[5]) zu. Die Zuweisung der Mitglieder an die Abteilungen erfolgt durch den Reichskanzler (Verordn. v. 7. 4. 1891, Anhang A).

In den Abteilungen trifft der Vorsitzende die für den Fortgang der Sachen erforderlichen Verfügungen.

In den Anmelde-Abteilungen bezeichnet der zuständige Vorsitzende für jede Klasse im voraus das Mitglied, welchem die Vorprüfung obliegt, sowie einen weiteren Berichterstatter. Er setzt ferner im voraus für die einzelnen Klassen und Unterklassen die Gruppen fest, die für die Behandlung der Sache das zuständige Kollegium bilden, wobei darauf Bedacht ge-

---

[2]) Vgl. Gesetz vom 1. 6. 1891.
[3]) Vgl. Gesetz vom 12. 5. 1894.
[4]) Vgl. Verordn. vom 25. 10. 1899.
[5]) Vgl. dazu Verordn. vom 29. 4. 1904.

nommen wird, daß jedes für die Bearbeitung der einzelnen Klasse oder Unterklasse in Betracht kommende technische Spezialfach im Kollegium sachkundig vertreten ist. Das Kollegium besteht hiernach meistens aus mehr als drei Mitgliedern; die Dreizahl bildet nur das gesetzliche Minimum.

In den Beschwerde-Abteilungen und in der Nichtigkeitsabteilung bezeichnet der Präsident für jede Klasse im voraus zwei Berichterstatter.

An Stelle der hiernach berufenen Mitglieder können für den einzelnen Fall andere Berichterstatter bezeichnet werden.

Die Veröffentlichungen des Patentamts erfolgen gemäß § 19 Abs. 4 d. PG. in einem amtlichen Blatte, dem Patentblatte (30 M.), in welches auch die Bekanntmachungen aufzunehmen sind, welche durch den Reichsanzeiger nach Maßgabe des Patentgesetzes erfolgen müssen. In Verbindung mit dem Patentblatt werden Auszüge aus den Patentschriften (40 M.) veröffentlicht, die das Wesentliche der Patentschrift, insbesondere die Ansprüche wiedergeben. Die Patentschriften selbst werden besonders herausgegeben. Es werden ferner veröffentlicht: a) Jahresverzeichnisse der erteilten Patente mit alphabetischem Namens- und Sachregister (ca. 50 M.); b) die Nummernliste der deutschen Patente, nach 8000 Gruppen sachlich geordnet, nebst jährlichen Nachträgen (8 M.); c) das Verzeichnis der deutschen Patentschriften nach der laufenden Nummer geordnet, mit Angabe der zugehörigen Klassen und Gruppen (12 M.); d) das Verzeichnis der deutschen Patentklassen und ihre Einteilung in Unterklassen und Gruppen (4 M.); e) das alphabetische Stichwörterverzeichnis zum Verzeichnis der deutschen Patentklassen und ihre Einteilung in Unterklassen und Gruppen (1.80 M.); f) Taschenbuch des gewerblichen Rechtsschutzes (1 M.); g) Katalog der Bibliothek des K. Patentamts nebst Nachträgen (20 M.). Die sämtlichen Publikationen erfolgen durch Carl Heymanns Verlag, Berlin W 8, Mauerstr. 43/44, mit Ausnahme der zu d und g erwähnten. Daneben gibt das Patentamt seit 1894 das Blatt für Patent-, Muster- und Zeichenwesen heraus, in welchem wichtige Entscheidungen, Gesetze, Verordnungen und Bekanntmachungen des In- und Auslandes auf dem Gebiete des gewerblichen Urheberrechts veröffentlicht werden (8 M. pro Jahr, in Carl Heymanns Verlag).

Das Patentamt verfügt über eine reichhaltige Bibliothek, deren Benutzung dem Publikum unentgeltlich in der Auslegehalle (von 9—3 Uhr) gestattet ist. Die Auslegehalle der Bibliothek enthält zugleich das ganze deutsche Patentschriftenmaterial, nach Klassen, Unterklassen und Gruppen geordnet, und bietet damit jedem Gelegenheit, sich selbst vor Einreichung der Anmeldung über die Neuheit einer Erfindung zu informieren. Bei der Einteilung sind auch amerikanische Patentschriften berücksichtigt. Die deutschen Patentschriften liegen außerdem an zahlreichen Stellen innerhalb des Deutschen Reichs zur unentgeltlichen Einsicht aus. Über die in Betracht kommenden Stellen erteilt das Patentamt bereitwilligst Auskunft. Deutsche Patentschriften (1 M. pro Stück) können von der Patentschriftenvertriebsstelle des Patentamts, ausländische von Carl Heymanns Verlag bezogen und in der Lesehalle der Bücherei unentgeltlich eingesehen werden.

Die sämtlichen beim Patentamt eingehenden Geschäftssachen gehen zunächst zur Annahmestelle, welche jede Sache mit einer fortlaufenden Geschäftsnummer und dem Datum des Eingangs versieht (z. B. P. A. 36374 15. 4. 11). Die Anlagen erhalten die gleiche Geschäftsnummer wie das Hauptstück. Diese genaue Kennzeichnung des Eingangs ist wegen der großen Bedeutung, welche der Priorität in Patentsachen zukommt, erforderlich. Geschäftssachen, die erst nach Schluß der Dienstzeit eingehen und in einem dafür bestimmten Briefkasten Aufnahme finden, gelten erst als mit dem folgenden Tage eingegangen[6]).

Es sind geöffnet:

die Kasse von 8—1 Uhr;

die Annahmestelle von 8—4 Uhr;

die Auslegehalle von 9—3 Uhr;

die Patentschriften-Vertriebsstelle während der Monate März bis Oktober von 8—3 Uhr, während der Monate November bis Februar von $8^1/_2$—$3^1/_2$ Uhr.

[6]) Bl. 1903 S. 222 PA.

Das Verfahren beim Patentamt ist ein schriftliches. Die Amtssprache ist die deutsche. Eingaben, welche nicht in deutscher Sprache abgefaßt sind, werden nicht berücksichtigt (PG. § 34).

2. Zahlungen an das Patentamt[7]).

Für Zahlungen, die an das Patentamt zu leisten sind, ist unter Umständen das Datum der Zahlung von großer Bedeutung. Für gewisse Zahlungen sind bestimmte Fristen vorgeschrieben, an deren Nichtinnehaltung Nachteile geknüpft sind. Die nachteiligen Folgen einer Versäumung der Frist treten selbst dann ein, wenn den Zahlungspflichtigen keinerlei Schuld an der Versäumung zur Last fällt. Eine Wiedereinsetzung in den vorigen Stand, wie sie im gerichtlichen Verfahren vorgesehen ist, kennt das Patentgesetz nicht.

Für die Zahlung von Patentjahresgebühren hat das Gesetz in § 9 die Bestimmung getroffen, daß die Einzahlung bei einer Postanstalt im Gebiete des Deutschen Reiches zur Überweisung an das Patentamt der unmittelbaren Zahlung an das Patentamt gleichsteht. Diese Sonderbestimmung findet nach der Praxis des Patentamts auch auf andere Zahlungen Anwendung.

Ausländische Postanstalten stehen den inländischen nicht gleich. Wird das Geld bei einer ausländischen Postanstalt eingezahlt, so kommt der § 9 überhaupt nicht zur Anwendung[8]). In diesem Falle gilt die Zahlung erst mit dem Zeitpunkte als bewirkt, in welchem die Kasse des Patentamts in den Besitz des Geldes gelangt; es kommt dabei insbesondere auch derjenige Tag nicht in Betracht, an welchem im amtlichen Postverkehr die Überweisung an das inländische Postamt erfolgt[9]).

Auf Geldbriefe oder eingeschriebene Briefe findet der § 9 keine Anwendung[10]).

---

[7]) Vgl. Bl. 1912 S. 343 PA.
[8]) Bl. 1902 S. 40 PA, Bl. 1906 S. 34 PA.
[9]) Bl. 1909 S. 32 PA.
[10]) Bl. 1901 S. 290 Bkm. d. PA., Bl. 1902 S. 41 PA.

Auch die Einsendung eines Schecks ist noch keine Zahlung. Die Zahlung vollzieht sich vielmehr erst mit der Einlösung[11]).

Im Postscheckverkehr gilt als Einzahlungstag:

a) bei Einzahlungen mittels Zahlkarte der Tag, an dem die Aufgabe des Geldes bei der Post erfolgt ist;

b) bei Einzahlungen mittels Postschecks oder Überweisung der Tag, an dem der Postscheck oder die Überweisung dem Postscheckamte zugehen, bei dem der Einzahler sein Konto hat[12]).

Bei Gebührenzahlungen mittels Zahlkarte sind außer dem schuldigen Betrage auch die festgesetzten Gebühren[13]) zu zahlen.

Wer bei der Reichsbank ein Girokonto besitzt, oder mit einer Bank, die ein solches Konto bei der Reichsbank hat, in Verbindung steht, kann seine Zahlungen an das Patentamt auch in der Weise bewirken, daß er den zu zahlenden Betrag seinem Konto abschreiben und dem Girokonto des Patentamts gutschreiben läßt. In diesem Falle wird die Zahlung erst dadurch vollzogen, daß der Betrag dem Girokonto des Patentamts gutgeschrieben wird[14]).

Personen, die an das Patentamt häufiger Zahlungen zu leisten haben, können sich, unter Zahlung von mindestens 300 M., beim Patentamt ein Konto einrichten lassen. Aus diesem Konto können die Inhaber dann, soweit das Konto reicht, beliebige Zahlungen leisten. Die Zahlung gilt als bewirkt, sobald die Zahlungsanweisung oder die Verrechnungserklärung[15]) an die Annahmestelle abgegeben und von ihr angenommen ist. Der Kontoinhaber ist dadurch in die Lage versetzt, auch nach Schluß der Kassenstunden noch Zahlungen leisten zu können, solange die Annahmestelle geöffnet ist.

---

[11]) Vgl. die Bkm. in Bl. 1903 S. 184.

[12]) Vgl. Bl. 1909 S. 2 u. S. 254, Bl. 1912 S. 252 PA.

[13]) Vgl. das am 1. Juli 1914 in Kraft getretene Reichs-Postscheckgesetz vom 26. März 1914.

[14]) Vgl. auch Bl. 1913 S. 267 RG.

[15]) Bl. 1912 S. 217 PA.

Der Einzahler muß zugleich mit der Zahlung oder Überweisung der Kasse des Patentamts mitteilen, für welche Zwecke die gezahlten Beträge bestimmt sind.

Bei allen Zahlungen, insbesondere bei Zahlungen in ausländischer Münzsorte, die Kursschwankungen unterliegt, ist darauf Bedacht zu nehmen, daß der schuldige Betrag voll gezahlt wird. Fehlt ein noch so geringfügiger Betrag, so liegt nur eine Teilzahlung vor, und es treten die im Gesetze angedrohten Rechtsfolgen ein, deren Eintritt auch das Patentamt, da es an die Gesetze gebunden ist, nicht auszuschließen vermag.

Alle Geldsendungen an das Patentamt müssen kostenfrei eingehen; Bestellgeldgebühren u. dgl. müssen also vom Absender mitentrichtet werden.

3. Die Vertretung vor dem Patentamte.

Der Anmelder braucht seine Sache beim Patentamte nicht selbst zu führen, sondern er kann sich dabei eines Vertreters bedienen.

Die berufenen Vertreter im Verfahren vor dem Patentamte sind die Patentanwälte (vgl. Gesetz betr. die Patentanwälte vom 21. 5. 1900)[16]).

Die Ausübung des Berufs eines Patentanwalts setzt den Nachweis der erforderlichen technischen Befähigung und die Ablegung einer Rechtsprüfung voraus.

Als technisch befähigt gilt, wer im Inland als ordentlicher Hörer einer Universität, einer technischen Hochschule oder einer Bergakademie sich dem Studium naturwissenschaftlicher und technischer Fächer gewidmet, alsdann eine staatliche oder akademische Fachprüfung bestanden, außerdem mindestens ein Jahr in praktischer gewerblicher Tätigkeit gearbeitet und hierauf mindestens zwei Jahre hindurch eine praktische Tätigkeit auf dem Gebiete des gewerblichen Rechtsschutzes ausgeübt hat. Der Besuch ausländischer Universitäten oder Akademien und die Ausübung der praktischen Tätigkeit im Auslande kann

[16]) Anhang D.

durch Beschluß der mit der Abnahme der Rechtsprüfung betrauten Kommission als ausreichend anerkannt werden. Die Fachprüfung muß auch in diesem Falle im Inland abgelegt werden.

Die Rechtsprüfung[17]), welche den Besitz der erforderlichen Rechtskenntnisse auf dem Gebiete des gewerblichen Rechtsschutzes festzustellen hat, erfolgt vor einer besonderen Kommission, in welche Mitglieder des Patentamts und Patentanwälte durch den Reichskanzler berufen werden.

Die Rechtsprüfung erstreckt sich nur auf die Kenntnis des gewerblichen Urheberrechts, also eines einzelnen Zweiges des großen Gebietes der Rechtswissenschaft. Der Prüfling muß mit dem gewerblichen Urheberrechte so weit bekannt sein, daß er seine Auftraggeber im Inlande und Auslande auf diesen Gebieten zu beraten und ihre Vertretung zu übernehmen vermag[18]). Die Prüfung ist also keine juristische Fachprüfung. Es wird nicht verlangt und kann auch nicht verlangt werden, daß der Prüfling sich mit den Grundlagen der Rechtswissenschaft so vertraut gemacht hat, wie es nur auf Grund eines abgeschlossenen akademischen Rechtsstudiums möglich ist.

Der Beruf des Patentanwalts ist hiernach kein juristischer, sondern ein technischer Beruf. Es muß nachgewiesen werden, daß der Prüfling naturwissenschaftliche und technische Studien getrieben und hierüber die bereits erwähnte Fachprüfung abgelegt hat. Ein Studium, das in der Hauptsache z. B. Staatswissenschaft, Statistik oder Philosophie zum Gegenstande gehabt hat, und eine Prüfung, die solche Kenntnisse nachweist, genügt nicht.

Die vorgeschriebene zweijährige Tätigkeit auf dem Gebiete des gewerblichen Rechtsschutzes muß der Fachprüfung gefolgt sein; sie wird am zweckmäßigsten bei einem Patentanwalt ausgeübt, da sie eine Vorbereitung für den patentanwaltschaftlichen Beruf bilden soll.

---

[17]) Vgl. Anhang E.

[18]) Über die gestellten Aufgaben vgl. Bl. 1902 S. 11, Bl. 1903 S. 40, Bl. 1906 S. 27, Bl. 1907 S. 145, Bl. 1909 S. 22, Bl. 1911 S. 305, Bl. 1914 S. 60.

Beim Patentamte wird eine besondere Liste der Patentanwälte geführt. Eintragungen und Löschungen in dieser Liste sind zu veröffentlichen.

Wer in die Liste als Patentanwalt eingetragen werden will, hat dies beim Präsidenten des Patentamts zu beantragen und dabei den Nachweis zu führen, daß er, vorbehaltlich der noch abzulegenden Rechtsprüfung, die im Gesetze vorgeschriebenen Voraussetzungen erfüllt hat. Ohne Antrag auf Eintragung in die Liste wird die Rechtsprüfung nicht abgenommen. Stehen dem gestellten Antrage keine Bedenken entgegen, so überweist der Präsident des Patentamts den Antragsteller der Prüfungskommission und verfügt nach Ablegung der Prüfung die Eintragung des Antragstellers in die Liste als Patentanwalt. Die Prüfungsgebühr beträgt 100 M.

Die Patentanwälte können für Personen, welche sie mit ihrer ständigen Vertretung im Verkehr mit dem Patentamte beauftragt haben, bei Erfüllung gewisser Voraussetzungen die Eintragung in eine besondere Spalte der Liste nachsuchen (vgl. § 16 des Ges. vom 21. 5. 1900).

Der Präsident des Patentamts ist befugt, Personen, welche, ohne in die Liste eingetragen zu sein, die Vertretung vor dem Patentamte berufsmäßig betreiben, von dem Vertretungsgeschäfte auszuschließen; auf Rechtsanwälte findet diese Vorschrift keine Anwendung.

Patentanwälte und ihre eingetragenen Vertreter sind verpflichtet, ihre Berufstätigkeit gewissenhaft auszuüben und durch ihr Verhalten in Ausübung des Berufs sowie außerhalb desselben sich der Achtung würdig zu zeigen, welche ihr Beruf erfordert; sie werden auf die Erfüllung dieser Obliegenheiten durch Handschlag verpflichtet. Sie unterstehen einem besonderen Ehrengericht, das aus zwei Mitgliedern des Patentamts, einem rechtskundigen und einem technischen, sowie drei Patentanwälten gebildet ist. Gegen die Entscheidung des Ehrengerichts ist Berufung zulässig, über welche der Ehrengerichtshof für Patentanwälte entscheidet, welcher aus drei Mitgliedern des Patentamts, von denen der Vorsitzende und ein Mitglied rechtskundig sein müssen, und vier Patentanwälten besteht.

Mit Geldstrafe bis zu 300 M. und im Unvermögensfalle mit Haft wird bestraft, wer, ohne als Patentanwalt eingetragen zu sein, sich als Patentanwalt bezeichnet oder sich einen ähnlichen Titel beilegt, durch den der Glaube erweckt wird, der Inhaber sei als Patentanwalt eingetragen.

Der für eine Patentsache bestellte Vertreter hat seine Bevollmächtigung durch eine Vollmacht nachzuweisen[19]). Die Vollmachten müssen auf prozeßfähige, mit ihrem bürgerlichen Namen bezeichnete Personen lauten. Auf eine Firma oder Gesellschaft darf die Vollmacht nicht ausgestellt werden. Sind mehrere Personen bevollmächtigt, so gelten diese für befugt, sowohl gemeinschaftlich, als auch einzeln die Vertretung wahrzunehmen. Eine abweichende Bestimmung dürfen die Vollmachten nicht enthalten. Das Patentamt nimmt auch Generalvollmachten entgegen, jedoch wird hier mit Rücksicht auf die dem Amte dabei erwachsenden Schwierigkeiten im allgemeinen gerichtliche oder notarielle Beglaubigung verlangt. Eine Pflicht des Patentamts zur Entgegennahme von Generalvollmachten besteht nicht; es kann gefordert werden, daß für jede Sache die dazugehörige Vollmacht vorgelegt wird.

Eine allgemeine Vollmacht ermächtigt auch zur Zurücknahme der Anmeldung[20]).

Wer nicht im Inlande wohnt, kann den Anspruch auf die Erteilung eines Patents und die Rechte aus dem Patent nur geltend machen, wenn er im Inlande einen Vertreter bestellt hat. Der letztere ist zur Vertretung in dem nach Maßgabe des Patentgesetzes stattfindenden Verfahren, sowie in den das Patent betreffenden bürgerlichen Rechtsstreitigkeiten und zur Stellung von Strafanträgen befugt (§ 12 des PG.). Diese Bestimmung bezweckt, dem Patentamte sowie den sonst beteiligten Kreisen den geschäftlichen Verkehr mit dem im Auslande wohnenden Anmelder oder Patentinhaber zu erleichtern und die Rechtsverfolgung zu sichern. Eine über diesen Zweck hinausgehende Bedeutung kommt der Bestimmung nicht zu. Der im Auslande Wohnende ist durch § 12 des PG. nicht wegen

---

19) Vgl. § 28 der K. Verordnung vom 11. 7. 1891.

20) Bl. 1911 S. 310 PA.

eines seiner Person anhaftenden Rechtsmangels in seiner Prozeß- oder Antragsfähigkeit beschränkt. Das Gesetz sagt auch nicht, daß der im Auslande Wohnende seinen Anspruch und seine Rechte nur durch einen Vertreter geltend machen kann, sondern daß er sie nur geltend machen kann, wenn er einen Vertreter bestellt hat. Der im Auslande Wohnende kann also, wenn er einen Vertreter bestellt hat, seine Rechte und Ansprüche auch in eigener Person oder durch einen andern als den bestellten Vertreter geltend machen. Die Bestellung des Vertreters ermöglicht es indessen allen Beteiligten, sich an diesen zu halten, an ihn die erforderlichen Zustellungen zu richten, sowie sonstige Akte ihm gegenüber vorzunehmen. Etwaige Beschränkungen der Vollmacht sind ihnen gegenüber nicht bindend. Der Ort, wo der Vertreter seinen Wohnsitz hat, und in Ermangelung eines solchen der Ort, wo das Patentamt seinen Sitz hat, gilt im Sinne des § 23 der Zivilprozeßordnung als Ort, wo sich der Vermögensgegenstand befindet. Die Nichtbeachtung der Vorschrift des § 12 durch den Anmelder im Patenterteilungsverfahren macht hiernach seine Handlungen nicht unwirksam, sondern sie bildet nur ein Hindernis für den Fortgang des Verfahrens, dessen Nichtbeseitigung die Abweisung der Anmeldung zur Folge hat.

4. Zustellungen und Fristen.

Für das Zustellungswesen in Patentsachen gelten die in § 12 der K. Verordnung vom 1. 6. 1891 getroffenen Vorschriften. Danach gibt es vier Arten von Zustellungen.

1. Zustellungen mit Zustellungsurkunde durch die Post. Hierfür gelten mit gewissen Vereinfachungen die Vorschriften der Zivilprozeßordnung. Diese Form ist für das Verfahren vor der Nichtigkeitsabteilung und außerdem für die Zustellung der Beschlüsse, durch welche über die Erteilung des Patents entschieden wird, vorgeschrieben, sofern die Beschwerdefrist in Lauf gesetzt werden soll.

2. Zustellungen mittels eingeschriebenen Briefes. Diese Art

der Zustellung kommt in allen übrigen Fällen, in denen eine Frist in Lauf gesetzt werden soll, zur Anwendung.

3. Zustellungen mittels einfachen Briefes. Diese Zustellung findet statt, wenn keine Frist in Lauf gesetzt werden soll. Sie ist indessen gemäß Ziff. 1 für das Verfahren vor der Nichtigkeitsabteilung ausgeschlossen.

4. Zustellungen durch Aufgabe zur Post. Diese Zustellung erfolgt dadurch, daß der Beamte des Patentamts den Brief zur Post gibt und die Aufgabe vermerkt. Hier wird die Zustellung mit der Aufgabe zur Post als bewirkt angesehen, selbst wenn die Sendung als unbestellbar zurückkommt. Die Zustellung durch Aufgabe zur Post findet statt, wenn in den Fällen zu 1 und 2 eine Zustellung im Inlande nicht erfolgen kann, also bei allen Auslandszustellungen und außerdem bei Inlandszustellungen, die gemäß Ziff. 1 und 2 erfolglos versucht sind.

Die Form der Zustellung ist wesentlich. Ist die vorgeschriebene Form nicht beachtet, so ist die Zustellung unwirksam, und dies hat zur Folge, daß die Frist, welche durch die Zustellung in Lauf gesetzt werden sollte, nicht eröffnet ist[21]). Indessen gilt dies selbstverständlich nur dann, wenn die Zustellung formloser, nicht aber wenn sie förmlicher erfolgt ist, als es den darüber erlassenen Vorschriften entspricht.

Ist ein Vertreter bestellt, so erfolgen die Zustellungen an diesen, unbeschadet indessen der Gültigkeit einer an die Partei selbst bewirkten Zustellung[22]).

Das Patenterteilungsverfahren kennt Fristen der allerverschiedensten Art.

Die Fristsetzung hat in manchen Fällen die Bedeutung, daß nur innerhalb der Frist die erforderliche Handlung vorgenommen, insbesondere die vorgeschriebene Erklärung abgegeben werden kann (Notfristen). Ist hier die Frist verstrichen, ohne daß die Handlung vorgenommen wurde, so tritt die an die Säumnis geknüpfte Rechtswirkung von Rechts wegen ein, und eine später vorgenommene Handlung vermag diese Folge nicht zu beseitigen. Hierher gehören z. B. die Fristen für die

---

[21]) Bl. 1903 S. 163 PA.

[22]) Bl. 1908 S. 182 PA.

Zahlung der Patentjahresgebühren (§ 8 des PG.) und die Frist zur Erhebung der Beschwerde gemäß § 26 des PG., bei denen die Dauer der Frist im Patentgesetze selbst bestimmt ist, aber auch die Frist zur Erklärung auf den Vorbescheid, deren Dauer vom Vorprüfer nach freiem Ermessen festgesetzt wird.

In andern Fällen hat die Fristsetzung nur die Bedeutung, daß nach Ablauf der Frist auf die abzugebende Erklärung oder die vorzunehmende Handlung nicht länger gewartet, sondern das Verfahren fortgesetzt wird. Der Säumige kann dann zwar die Erklärung auch noch nachträglich abgeben, aber er läuft Gefahr, daß eine ihm nachteilige Verfügung oder Entscheidung ergeht, bei welcher seine verspätete Erklärung nicht mehr Berücksichtigung finden konnte. Fristen dieser Art können sowohl auf Antrag wie von Amts wegen verlängert werden.

Auf die Berechnung der Fristen finden die Vorschriften des Bürgerlichen Gesetzbuchs Anwendung[23]). Danach gilt folgendes:

§ 187: Ist für den Anfang einer Frist ein Ereignis oder ein in den Lauf eines Tages fallender Zeitpunkt maßgebend, so wird bei der Berechnung der Frist der Tag nicht mitgerechnet, in welchen das Ereignis oder der Zeitpunkt fällt.

Ist der Beginn eines Tages der für den Anfang einer Frist maßgebende Zeitpunkt, so wird dieser Tag bei der Berechnung der Frist mitgerechnet.

§ 188: Eine nach Tagen bestimmte Frist endigt mit dem Ablaufe des letzten Tages der Frist.

Eine Frist, die nach Wochen, nach Monaten oder nach einem mehrere Monate umfassenden Zeitraum — Jahr, halbes Jahr, Vierteljahr — bestimmt ist, endigt im Falle des § 187, Abs. 1 mit dem Ablaufe desjenigen Tages der letzten Woche oder des letzten Monats, welcher durch seine Benennung oder seine Zahl dem Tage entspricht, in den das Ereignis oder der Zeitpunkt fällt, im Falle des § 187 Abs. 2 mit dem Ablaufe desjenigen Tages der letzten Woche oder des letzten Monats, welcher dem Tage vorhergeht, der durch seine Benennung oder seine Zahl dem Anfangstage der Frist entspricht.

---

[23]) Bl. 1900 S. 260 Präsidial-Bescheid, Bl. 1901 S. 9 PA., Bl. 1902 S. 4 PA.

Fehlt bei einer nach Monaten bestimmten Frist in dem letzten Monate der für ihren Ablauf maßgebende Tag, so endigt die Frist mit dem Ablaufe des letzten Tages dieses Monats.

§ 193: Ist an einem bestimmten Tage oder innerhalb einer Frist eine Willenserklärung abzugeben oder eine Leistung zu bewirken und fällt der bestimmte Tag oder der letzte Tag der Frist auf einen Sonntag oder einen am Erklärungs- oder Leistungsorte staatlich anerkannten allgemeinen Feiertag[24]), so tritt an die Stelle des Sonntags oder des Feiertags der nächstfolgende Werktag. —

Eine Wiedereinsetzung in den vorigen Stand wegen unverschuldeter Versäumung einer Frist kennt das Patentgesetz nicht.

5. Die Erfordernisse der Anmeldung.

Die Anmeldung der Erfindung hat beim Patentamte zu erfolgen.

Die Anmeldung setzt Geschäftsfähigkeit des Anmelders voraus.

Es ist zu unterscheiden zwischen Geschäftsunfähigkeit und beschränkter Geschäftsfähigkeit.

Gemäß § 104 des BGB. ist geschäftsunfähig:

1. wer nicht das siebente Lebensjahr vollendet hat;

2. wer sich in einem die freie Willensbestimmung ausschließenden Zustande krankhafter Störung der Geistestätigkeit befindet, sofern nicht der Zustand seiner Natur nach ein vorübergehender ist;

3. wer wegen Geisteskrankheit entmündigt ist.

Auch Geschäftsunfähige, z. B. Geisteskranke, können Erfindungen machen, aber sie können sie nur durch ihren Vertreter zur Anmeldung bringen. Die von dem Geschäftsunfähigen selbst eingereichte Anmeldung ist nichtig[25]) und wird auch

---

[24]) Bl. 1908 S. 204 PA. (Allerheiligen).

[25]) Bl. 1902 S. 204 PA.

durch nachträgliche Genehmigung des Vertreters nicht rechtsgültig.

Wer das siebente, aber noch nicht das einundzwanzigste Lebensjahr vollendet hat, ist als Minderjähriger in seiner Geschäftsfähigkeit beschränkt, sofern er nicht nach Vollendung des achtzehnten Lebensjahres durch Beschluß des Vormundschaftsgerichts für volljährig erklärt ist. Einem solchen Minderjährigen steht gleich, wer wegen Geistesschwäche, wegen Verschwendung oder wegen Trunksucht entmündigt oder wer unter vorläufige Vormundschaft gestellt ist.

Ein Minderjähriger kann zwar rechtsgültig Handlungen vornehmen, durch die er lediglich Vorteile erlangt. Eine solche Handlung ist aber die Anmeldung der Erfindung nicht. Die Anmeldung ist darauf gerichtet, ein Patent für die Erfindung zu erwerben. Sie muß daher so abgefaßt sein, daß dabei das Erfinderrecht des Anmelders zur vollen Geltung kommt. Ein Fehlgriff in der Beschreibung oder im Anspruch kann den Erfinder, auch abgesehen von den Kosten der Anmeldung, erheblich schädigen. Dasselbe gilt von den weiteren Erklärungen, die der Anmelder im Laufe des Erteilungsverfahrens abgibt.

Ein Minderjähriger bedarf daher zur Anmeldung der Genehmigung seines Vertreters. Solange die Genehmigung nicht erteilt ist, ist die Anmeldung unwirksam. Ergibt sich bei der Prüfung, daß der Anmelder in seiner Geschäftsfähigkeit beschränkt ist, so wird er vom Patentamt aufgefordert, die erforderliche Genehmigung beizubringen. Wird die Genehmigung nicht beigebracht, so wird die Anmeldung zurückgewiesen. Wird sie beigebracht, so ist damit der Mangel der Geschäftsfähigkeit mit rückwirkender Kraft geheilt.

Zwischen der völligen Geschäftsunfähigkeit und der beschränkten Geschäftsfähigkeit besteht hiernach der wichtige Unterschied, daß die Geschäftsunfähigkeit einen wesentlichen Mangel der Anmeldung bildet, der nicht geheilt werden kann, während der in der beschränkten Geschäftsfähigkeit liegende Mangel durch nachträgliche Genehmigung des Vertreters beseitigt wird.

Geschäftsfähig sind nicht nur natürliche Personen, sondern

auch rechtsfähige Vereine, Gesellschaften und Korporationen, sofern ihnen nach allgemeinem bürgerlichen Recht Geschäftsfähigkeit zukommt.

Die Anmeldung kann auch durch einen Ausländer bewirkt werden[26]). Zwar bedarf der Ausländer, d. h. der nicht im Inlande Wohnende, eines inländischen Vertreters (§ 12 PA.). Aber die durch ihn selbst eingereichte Anmeldung ist nicht unwirksam; sie unterliegt nur der Abweisung, falls er trotz Aufforderung einen inländischen Vertreter nicht bestellt.

Die Anmeldung der Erfindung kann zwar auch durch einen Vertreter erfolgen, indessen ist es, sofern es sich nicht um eine gesetzliche Vertretung handelt, erforderlich, daß der Vertreter zur Anmeldung beauftragt ist und die erforderliche Vollmacht nachbringt. Eine Geschäftsführung ohne Auftrag genügt nicht. Die Anmeldung hat Rechtswirkungen, die nicht in der Schwebe bleiben dürfen. Sie begründet einen Anspruch auf Patenterteilung, der nur unter der Voraussetzung gilt, daß der Anmelder auch der erste Anmelder ist. Das Prioritätsrecht des Anmelders, das nicht nur für das Inland, sondern auch für das Ausland Bedeutung hat, muß ein unbedingtes und in seinem Bestande von einer späteren Genehmigung unabhängiges sein. Zwar ist die Anmeldung einer beschränkt geschäftsfähigen Person unter der Voraussetzung späterer Genehmigung des gesetzlichen Vertreters gültig, aber hier liegt wenigstens ein abgeschwächter Wille des Anmelders selbst vor. An einem solchen Willen fehlt es hingegen bei der auftragslosen Geschäftsführung gänzlich. Ist eine Anmeldung unwirksam, bei welcher der als Vertreter auftretende Geschäftsführer offen erklärt, daß er die Anmeldung für eine ihm ganz fremde Person ohne deren Willen und Wissen einreiche, so gilt das gleiche auch von einer Anmeldung, bei welcher der Geschäftsführer verschweigt, daß er einen Auftrag zur Anmeldung noch nicht erhalten hat. Die vom Vertreter abgegebenen Erklärungen müssen zufolge Auftrags, nicht auf Grund auftragloser Geschäftsführung erfolgt sein. Es genügt indessen, daß die Anmeldung zufolge Auf-

[26]) Auch ausländische Erwerbsgesellschaften gelten nach Gewohnheitsrecht als rechtsfähig (Bl. 1913 S. 190 RG.).

trags, der auch mündlich erteilt werden kann, eingereicht ist; die nachgelieferte Vollmacht kann ein späteres Datum tragen. Mit Rücksicht hierauf wird das Patentamt im allgemeinen keinen Anlaß haben, die Frage aufzuwerfen, ob die Anmeldung ohne Auftrag eingereicht ist, da nicht zu unterstellen ist, daß jemand für einen andern als auftragloser Vertreter eine mit Kosten verbundene Anmeldung einreicht. Kommt es in einem solchen Falle zur Bekanntmachung der Anmeldung und demnächst zur Patenterteilung, so sind diese Akte trotz des fehlenden Auftrags gültig, da das Patentamt mit konstitutiver Kraft Patentschutz verleiht.

Die Anmeldung der Erfindung muß schriftlich erfolgen. Das Erfordernis der Schriftlichkeit beruht auf praktischer Notwendigkeit. Das Verfahren ist auf die Begründung eines Rechts gerichtet, das für die Allgemeinheit gelten soll und seinem Inhalte nach nicht leicht feststellbar ist. Es ist deshalb erforderlich, daß die wesentlichen Grundlagen dieses Rechts schriftlich genau fixiert werden, und zwar in der maßgeblichen Form, die der Anmelder ihnen im Einverständnisse mit der patenterteilenden Behörde gibt. Hierin unterscheidet sich das Patenterteilungsverfahren vom Zivilprozesse, in welchem auf Grund mündlicher Verhandlung nur zwischen Parteien Recht gesprochen wird.

Die Schriftlichkeit ist nicht in dem Sinne notwendig, daß die abgegebenen Erklärungen unter allen Umständen vom Anmelder unterschrieben sein müssen. Sie richtet sich auch nicht nach den Vorschriften des Bürgerlichen Gesetzbuchs, sondern sie untersteht den besonderen Regeln, die aus der Natur des Patenterteilungsverfahrens als eines Verfahrens des öffentlichen Rechts zu entnehmen sind. Hiernach genügt es, daß die Erklärungen vom Anmelder oder seinem Vertreter ausgehen und von diesen in schriftlicher Form dem Patentamte übermittelt werden. Protokollarische Anmeldungen im Patentamte finden nicht statt; sie würden auch nur dann gültig sein, wenn sie in der Form eigener Rede des Anmelders erfolgt sind und von diesem selbst geschrieben oder wenigstens unterschrieben sind. Im übrigen ist eine handschriftliche Erklärung nicht erforderlich. Nach der Praxis des Patentamts wird z. B. auch ein Telegramm als dem Erfordernisse der Schriftlichkeit genügend erachtet.

Die Anmeldung muß den Antrag auf Erteilung eines Patents enthalten. Es genügt, daß der Wille des Anmelders, ein Patent zu erhalten, zum Ausdruck kommt. Auf die Form des Ausdrucks kommt es dabei nicht an, sofern nur deutlich ersichtlich ist, daß der Anmelder Patentschutz (also nicht etwa Gebrauchsmusterschutz) haben will. Der Antrag muß bestimmt, d. h. ohne Vorbehalte oder Bedingungen, gestellt sein. Wird der fehlende Antrag nachgebracht, so ist erst mit dem Eingange des Nachtrages die Anmeldung bewirkt.

Die Erfindung, für welche Patentschutz begehrt wird, muß so beschrieben sein, daß danach die Benutzung der Erfindung durch andere Sachverständige möglich erscheint. Das Wesen der Erfindung muß also für den Sachverständigen erkennbar sein. Hat das Patentamt das Wesen der Erfindung aus der eingereichten Beschreibung nicht erkannt und richtet es deshalb eine Anfrage an den Anmelder, deren Beantwortung dem Patentamte die gewünschte Aufklärung gibt, so hat dies noch nicht ohne weiteres die Bedeutung, daß nun die ursprüngliche Beschreibung als eine den wesentlichen Erfordernissen einer Patentanmeldung nicht entsprechende zu gelten hat. Das Patentamt hat vielmehr frei zu prüfen, ob die ursprünglich beschriebene Erfindung ihrem Wesen nach mit der später beschriebenen Erfindung identisch ist und ob die später beschriebene Erfindung sich für den Sachverständigen erkennbar bereits in den ursprünglichen Unterlagen beschrieben[27]) findet. Stellt sich heraus, daß die ursprüngliche Beschreibung einzelne unrichtige Angaben enthielt, so ist dies ohne Bedeutung, falls nur erhellt, daß die Erfindung tatsächlich bereits gemacht war und Sachverständige auf Grund der Beschreibung ihr Wesen zu erkennen vermochten[28]).

Geschäftsfähigkeit des Anmelders, Schriftlichkeit, Antrag und Beschreibung sind wesentliche Erfordernisse der Anmeldung[29]). Nur wenn diese Erfordernisse erfüllt sind, liegt eine

---

27) Bl. 1904 S. 173 RG.

28) Bl. 1904 S. 77 RG.

29) Vgl. über die Bedeutung der Anmeldung Beitrag I S. 45ff.

Anmeldung im Rechtssinne vor, welche auf Patenterteilung Anspruch gibt[30]. Die Erfüllung dieser Erfordernisse begründet zugleich mit dem Anspruche auf Patenterteilung für diesen eine Priorität, d. h. einen Vorrang der Anmeldung gegenüber späteren Anmeldungen[31] oder neuheitsschädlichen Benutzungen oder Veröffentlichungen. Der erworbene Anspruch auf Patenterteilung kann durch spätere Ereignisse dieser Art nicht mehr beseitigt oder geschmälert werden.

Die Priorität wird durch die Tatsache des Eingangs der Anmeldung beim Patentamte begründet[32]. Diese Tatsache ist als solche etwas ein für allemal feststehendes[33]; sie läßt sich weder ungeschehen machen, noch auch zeitlich verrücken. Die durch sie begründete Priorität ist daher gleichfalls etwas unabänderliches; sie kann weder zurückverlegt[34], noch auch nach vorwärts verschoben werden[35].

Ist die Erfindung so ungenügend beschrieben, daß ihre Identität nicht festgestellt werden kann, so liegt keine rechtsgültige Anmeldung vor. Wird in diesem Falle eine genügende Beschreibung nachträglich eingereicht, so ist erst mit der Nachreichung die Anmeldung rechtsgültig bewirkt, und der Eingang des Nachtrages bildet dann den für die Priorität maßgebenden Zeitpunkt. Hier findet nicht etwa eine Verlegung der Priorität statt. Denn die Einreichung des Antrages auf Patenterteilung mit ungenügender Beschreibung war keine Anmeldung und hat daher eine Priorität überhaupt nicht begründet. Es kann zwar unter Umständen zweifelhaft sein, ob die erste Beschreibung genügt oder ob erst unter Hinzunahme des Nachtrags eine genügend beschriebene Erfindung angemeldet ist. Hier handelt es sich dann aber nicht um eine Wahl zwischen zwei bestehenden Prioritäten, sondern lediglich um die Feststellung, welches die richtige Priorität ist.

---

[30]) Bl. 1904 S. 10 PA.

[31]) Bl. 1901 S. 115 PA.

[32]) Unter besonderen Umständen kann der Anmeldung eine noch frühere Priorität zukommen. Vgl. Beitrag I S. 65, S. 79 u. S. 81.

[33]) Über die Feststellung des Eingangs vgl. oben S. 10.

[34]) Bl. 1894/95 S. 146 PA.

[35]) Bl. 1894/95 S. 55 PA.

Eine Ergänzung oder Berichtigung der ursprünglichen, die Erfindung des Anmelders in seinem Sinne nicht richtig wiedergebenden Beschreibung ist nur bis zum Beschlusse über die Bekanntmachung zulässig.

Hat der Anmelder dasjenige, was für ihn die Erfindung bildete, in der Anmeldung beschrieben, findet er aber nachträglich, daß die vermeintliche Erfindung in wesentlichen Punkten ergänzt oder abgeändert werden muß, so kann er selbstverständlich die Priorität des ersten Antrages für die nachträgliche Ergänzung nicht beanspruchen, da er zu jener Zeit die Erfindung tatsächlich noch gar nicht gemacht hatte. Er kann dann aber auch nicht einmal in dem anhängigen Verfahren die erforderliche Ergänzung oder Abänderung vornehmen. Denn er hatte hier mit dem ersten Antrage nicht etwa eine unvollständige oder unrichtige Beschreibung vorgelegt, sondern das, was für ihn seine Erfindung bildete, richtig und vollständig angegeben. Er hatte also eine Anmeldung im Rechtssinne eingereicht, deren Priorität nicht verlegt werden kann. Für die Priorität kommt es nur auf die Anmeldung, nicht aber darauf an, ob die geschützt beanspruchte Erfindung auch wirklich eine Erfindung und als solche patentfähig ist. Ergeben sich Zweifel, ob der Anmelder in seiner ersten Eingabe nur einen mißlungenen Versuch gemacht hat, seine Erfindung richtig und vollständig zu beschreiben, so daß im Nachgange nur der fehlende Teil der Beschreibung nachgebracht wird, oder ob der Anmelder in seinem Nachgange darauf ausgeht, an Stelle seiner zuerst angemeldeten Erfindung eine andere zu setzen, so hat das Patentamt nach freiem Ermessen hierzu Stellung zu nehmen. Dabei darf die erste Beschreibung nicht für sich allein darauf betrachtet werden, ob sie einen vernünftigen oder einen unvernünftigen Inhalt hat, sondern das Patentamt muß unter Berücksichtigung beider Beschreibungen und der dazu gegebenen Erklärungen des Anmelders die Frage prüfen, ob Anlaß zu der Annahme besteht, daß die in der zweiten Beschreibung mitgeteilte Erfindung vom Anmelder tatsächlich erst gemacht ist, nachdem die erste Beschreibung bereits eingereicht war oder nicht.

Der Eingang der Anmeldung beim Patentamte ist auch für

den Beginn des Patents von Bedeutung. Das Patent beginnt gemäß § 7 des PG. mit dem auf die Anmeldung der Erfindung folgenden Tage[36]).

Will der Anmelder eine Unionspriorität in Anspruch nehmen, so muß er zugleich mit der Anmeldung eine Erklärung darüber abgeben, wann und in welchem der Union angehörigen Lande er die prioritätbegründende frühere Anmeldung bewirkt hat[37]). Wird die Erklärung versäumt, so ist damit der Prioritätsanspruch für die eingereichte Anmeldung verwirkt. Eine nachträgliche Erklärung ist unstatthaft. Dies schließt indessen nicht aus, daß der Anmelder, der die Erklärung versäumt hat, eine neue Anmeldung einreicht und für diese die erforderliche Erklärung abgibt, sofern nicht die Unionsfrist inzwischen verstrichen ist.

Außer den bereits behandelten Erfordernissen der Anmeldung (Geschäftsfähigkeit, Schriftlichkeit, Antrag und Beschreibung), die erfüllt sein müssen, wenn eine Anmeldung im Rechtssinne vorliegen soll, gibt es noch eine Reihe von weiteren Anforderungen, die zwar nicht so wesentlich sind, daß ihre Erfüllung für die Entstehung des Anspruchs auf Patenterteilung die Voraussetzung bildet, immerhin aber doch so beachtlich, daß ihre Nichtbeachtung zur Abweisung der Anmeldung führen kann. Anforderungen dieser Art sind zum Teil im Gesetz selbst gestellt, oder sie sind in den Bestimmungen[38]) enthalten, die das Patentamt kraft der ihm im § 20 Abs. 2 des Patentgesetzes erteilten Ermächtigung erlassen hat.

Auf gesetzlicher Vorschrift beruht es, daß gleichzeitig mit der Anmeldung für die Kosten des Verfahrens 20 M. zu zahlen sind (vgl. § 20 Abs. 3 des PG.). Diese Gebühr, die Anmeldegebühr, ist zwar gleichzeitig mit der Anmeldung zu zahlen, es ist jedoch in der Praxis des Patentamtes allgemein anerkannt,

---

[36]) Vgl. GR. 1908 S. 120 u. unten S. 104.

[37]) Vgl. Revidierte Pariser Übereinkunft von 1911 (Washington-Akte) Art. 4d, Reichsgesetz vom 31. März 1913 Art. II und Bekanntmachung des Reichskanzlers vom 8. April 1913.

[38]) Vgl. Anhang B. Die zu diesen Bestimmungen erlassene Bekanntmachung hingegen enthält nur Ratschläge für den Anmelder, deren Nichtbeachtung eine Abweisung des Anmelders nicht zur Folge hat.

daß die Nichtzahlung der Gebühr keinen wesentlichen Mangel der Anmeldung bedeutet, der die Entstehung des Anspruchs auf Patenterteilung ausschließt, sondern nur einen Mangel, der nachträglich geheilt werden kann. Ist die Gebühr nicht bezahlt, so wird der Anmelder mit kurzer Frist zur Zahlung aufgefordert. Kommt er dieser Aufforderung nicht nach, so wird er mit seiner Anmeldung abgewiesen. Aber auch hier bleibt ihm noch die Möglichkeit, durch Einlegung der gebührenpflichtigen Beschwerde und Nachzahlung der Anmeldegebühr in zweiter Instanz die Aufhebung des Abweisungsbeschlusses herbeizuführen. Die Anmeldegebühr darf weder gestundet noch erlassen werden. Sie ist verfallen, sobald die Anmeldung in amtliche Behandlung genommen ist. Die Zurücknahme einer bereits amtlich behandelten Anmeldung begründet also keinen Anspruch auf Erstattung der gezahlten Anmeldegebühr.

Durch die vom Patentamte erlassenen Bestimmungen ist vorgeschrieben, daß die Anmeldung einer Erfindung behufs Erteilung eines Patents in der Form eines schriftlichen Gesuchs zu erfolgen hat, dem die sonst erforderlichen Stücke als Anlagen beizufügen sind. Das Gesuch hat die in § 2, a bis g aufgeführten Angaben zu enthalten, wegen deren auf den im Anhang beigefügten Text der Bestimmungen verwiesen werden kann[39].

Die Beschreibung ist in zwei Ausfertigungen einzureichen. Dasselbe gilt für alle Nachträge. Zur Klarstellung der Erfindung sind erforderlichenfalls Zeichnungen in zwei Exemplaren, eine Hauptzeichnung und eine Nebenzeichnung, einzureichen. Die eine Ausfertigung der Beschreibung dient der amtlichen Prüfung und bildet nebst der Hauptzeichnung die Grundlage für den Druck der Patentschrift, während die andere Ausfertigung nebst der Nebenzeichnung für die mit der Bekanntmachung der Anmeldung zu verbindende Auslegung bestimmt ist.

Für die Zeichnungen gelten die in § 4 der Bestimmungen getroffenen Vorschriften[40].

Die für die Veranschaulichung der Erfindung bestimmten

---

[39]) Wegen der Maß- und Gewichtsbezeichnungen vgl. Bl. 1912 S. 26.

[40]) Vgl. auch Bl. 1901 S. 290 PA.

Modelle und Probestücke brauchen nur in einer Ausführung eingereicht zu werden. Die für sie getroffenen Vorschriften sind aus § 5 der Bestimmungen zu entnehmen.

In § 6 sind sodann noch weitere Vorschriften über die Kennzeichnung der Anlagen des Gesuchs und der Nachgänge, sowie der Zahl der eingereichten Schriftstücke und über ihre äußere Beschaffenheit enthalten.

Daß die Erfindung, wenn eine Anmeldung im Rechtssinne vorliegen soll, so zu beschreiben ist, daß danach die Benutzung derselben durch andere Sachverständige möglich erscheint, ist bereits erörtert worden. In dieser Beziehung genügt auch eine Beschreibung, welche sprachliche Unrichtigkeiten oder überflüssige, der Sache nicht dienende Ausführungen enthält, oder deren Verständnis durch Unklarheiten in der Darstellung oder durch ungeschickte Disposition erschwert ist oder bei welcher der im Gesetze vorgeschriebene Patentanspruch fehlt. Eine so mangelhafte Beschreibung ist jedoch nicht geeignet, als Grundlage für die Patenterteilung zu dienen.

Bestimmte, ein für allemal gültige Regeln lassen sich für die Abfassung einer Beschreibung kaum aufstellen, da Erfindungen von mannigfaltigster Art sind und sich nicht unter eine Schablone bringen lassen.

Im allgemeinen wird es sich empfehlen, bei der Beschreibung vom Bekannten auszugehen und daran die Darstellung der Aufgabe, welche die Erfindung zu lösen bestimmt ist, zu knüpfen. Hieran wird sich sodann die Beschreibung der Erfindung im einzelnen anzuschließen haben. Eine Bezugnahme auf Patente, sofern es sich nicht um Zusatzanmeldungen handelt, sowie auf Patentschriften und andere Literaturstellen ist zu vermeiden. Die Beschreibung soll aus sich selbst heraus für den Sachverständigen verständlich sein.

Gemäß § 20 Abs. 1 des PG. hat der Anmelder am Schlusse seiner Beschreibung anzugeben, was als patenfähig unter Schutz gestellt werden soll (Patentanspruch).

Die Bedeutung dieser Vorschrift ist bereits an anderer Stelle[41]) eingehend erörtert worden. Danach dient der Patent-

[41]) Vgl. Beitrag III S. 10ff.

anspruch lediglich zur Kennzeichnung der angemeldeten Erfindung. Unter Erfindung ist hier derjenige Gegenstand zu verstehen, der gemäß § 4 des PG. Schutz genießen soll. Es muß ein Gegenstand sein, der gewerbsmäßig hergestellt oder in Verkehr gebracht bzw. feilgehalten oder gebraucht werden kann.

Dieser Gegenstand (Sache oder Verfahren) kann weiter oder enger gefaßt werden. Von der Fassung hängt, wie die vom Gesetzgeber gewählte Bezeichnung „Patentanspruch" zum Ausdruck bringt, der Umfang des Schutzes ab. Der Anmelder muß also bei Abfassung der Beschreibung sich darüber schlüssig machen, in welchem Umfange er sich den Markt für den erfundenen Gegenstand sichern will. Wer z. B. einen neuen Flaschenverschluß erfunden hat, wird gut tun, sich nicht auf diesen zu beschränken, sondern einen Verschluß für Gefäße anzumelden. Der Gegenstand darf andrerseits aber auch nicht zu weit und nicht zu unbestimmt gefaßt werden. Wer eine Fahrradbremse erfunden hat, kann nicht das ganze Fahrrad unter Schutz stellen, und wer einen Schwimmgürtel aus besonderem Stoff erfunden hat, kann nicht allgemein „Gegenstände" aus diesem Stoff geschützt beanspruchen[42]).

Die Formulierung erfolgt in der Regel in der Weise, daß zunächst der zu schützende Gegenstand im allgemeinen bezeichnet und im Anschlusse daran angegeben wird, welche Einrichtung dieses Gegenstandes als bereits bekannt oder aus andern Gründen nicht unter Schutz gestellt werden soll. Hierauf folgen dann, eingeleitet durch die Worte „gekennzeichnet durch" die besonderen Merkmale des erfundenen Gegenstandes[43]), z. B.:

Patent 254461: Staubsaugevorrichtung, deren Saugluftstrom durch Bälge erzeugt wird, dadurch gekennzeichnet, daß der Abschluß für die Öffnung, durch welche die Einführung des Filtersackes in das Innere der Vorrichtung bewirkt wird, als Ventil ausgebildet ist.

Patent 254657: Verfahren zur elektrischen Isolierung von

[42]) Vgl. hierüber Beitrag IV S. 12ff.

[43]) Vgl. dagegen Wirth, Der Rückgang des Deutschen Patentamts (Mitt. v. Verb. D. PA. 1911) S. 53.

Aluminium und Aluminiumlegierungen, gekennzeichnet durch die Behandlung der Metalloberfläche mit einer Flüssigkeit, welche gleichzeitig eine elektrisch isolierende Metallverbindung auf chemischem Wege erzeugt und über derselben einen mechanisch schützenden Überzug bildet.

Die äußerliche Scheidung des Neuen vom Bekannten durch die Formel „dadurch gekennzeichnet, daß" darf nicht zur Schablone werden. Denn dies könnte zur Folge haben, daß dabei die Erfindung gar nicht mehr verständlich zum Ausdruck käme, während es doch gerade die Aufgabe des Patentanspruchs ist, die für patentfähig erachtete Erfindung zu kennzeichnen[44]).

Die Unterlagen des Patents hat der Anmelder zu liefern. Es ist seine Erfindung, die durch Patent geschützt werden soll, und er ist daher auch berufen, die Erfindung zu beschreiben und zu kennzeichnen. Welches die Erfindung ist, die geschützt werden soll, kann das Patentamt aus sich selbst heraus nicht wissen, sondern es kann dies nur vom Anmelder erfahren. Das Patentamt kann dem Anmelder daher auch keine bestimmte Form für seine Erfindung vorschreiben. Glaubt es verstanden zu haben, worin der Anmelder das Wesen seiner Erfindung erblickt, so kann es zwar Vorschläge darüber machen, welche Form der Anmelder seiner Erfindung geben soll. Diese Vorschläge braucht der Anmelder aber nicht anzunehmen, sondern er kann eine andere Form wählen, die das Patentamt anzunehmen verpflichtet ist, wenn sie die Erfindung genügend beschreibt oder kennzeichnet.

Indessen hat andrerseits der Anmelder nicht allein darüber zu bestimmen, welche Form Beschreibung und Anspruch erhalten sollen. Denn das Patent wird mit konstitutiver Kraft erteilt, und die Erteilung steht dem Patentamte zu. Patentiert wird die Erfindung, die in den vom Anmelder beigebrachten Unterlagen beschrieben und gekennzeichnet ist. Diese Unterlagen werden vom Patentamte genehmigt, wenn es das Patent erteilt, denn diese Unterlagen stellen ja gerade die zu patentierende Erfindung dar. Folglich kann das Patentamt die

[44]) Vgl. hierüber Beitrag III S. 14ff.

Erfindung nur dann patentieren, wenn es die Unterlagen genehmigt. Der Anmelder selbst hat bei Abfassung der Unterlagen nur seine eigenen Interessen wahrzunehmen; er wird die Erfindung so zu beschreiben und zu kennzeichnen trachten, daß dabei seine Interessen so gut wie möglich gewahrt sind; er hat auch kein Interesse daran, vorhandene Unklarheiten wegzuräumen, deren Beseitigung seinem Interesse nicht förderlich ist. Das Patentamt hingegen hat nicht bloß die Interessen des Erfinders, sondern die Interessen der Allgemeinheit zu wahren. Es hat auch nicht etwa nur darauf zu achten, daß die Erfindung dem Bekannten gegenüber richtig gekennzeichnet ist, so daß die Grenzen des Patentschutzes nicht verwirrt werden können, sondern es hat auch die rein äußerliche Form von Beschreibung und Anspruch zu prüfen und zu genehmigen. Für die Anmeldung im Rechtssinne mag es genügen, daß die Erfindung so erkennbar beschrieben ist, daß danach ihr Wesen festgestellt werden kann. Das erteilte Patent wendet sich aber gegen die Allgemeinheit, von der es beachtet werden soll. Es muß folglich von der Allgemeinheit, soweit diese die erforderliche Fachkenntnis besitzt, auch wirklich verstanden werden können, also nicht etwa nur von einzelnen besonders geschulten Sachverständigen, sondern von jedem, auch dem weniger gebildeten Sachverständigen. Dazu gehört, daß Beschreibung und Anspruch in bezug auf Sprache, Stil und Klarheit der Darstellung einwandsfrei sind. Beschreibung und Anspruch sollen durch Druck vervielfältigt werden, und danach muß verlangt werden, daß sie auch formell den Anforderungen genügen, welche an Druckschriften im allgemeinen zu stellen sind. Weigert sich der Anmelder, ihm vom Amte vorgeschlagene offenbare Verbesserungen anzunehmen, ohne für seine Weigerung ernsthafte Gründe vorzubringen, so wird unter Umständen die Abweisung der Anmeldung gerechtfertigt sein. Andrerseits wird der Anmelder es mit Recht ablehnen, sich auf sprachliche Kontroversen, die vom allgemeinen Sprachgebrauch nicht entschieden sind, oder auf besondere sprachliche Liebhabereien der amtlichen Stelle, insbesondere auf ungewöhnliche Verdeutschungen von Fremdwörtern, einzulassen. Würde das Patentamt sich auf den Standpunkt stellen müssen, daß es nach der Vorschrift des Gesetzes, das in § 20 Abs. 1 von der Beschreibung nur verlangt, daß sie die Benutzung der Erfindung durch andere Sachverständige ermöglicht, nicht die Macht habe, offenbare Verbesserungen der Beschreibung zu erzwingen, so müßte es kraft der ihm in § 20 Abs. 2 verliehenen Befugnis Bestimmungen treffen, die eine einwandsfreie Beschreibung der Erfindung für die Patenterteilung sicherstellen.

Wie bereits hervorgehoben wurde, soll der Patentanspruch die angemeldete Erfindung kennzeichnen. Unter Erfindung ist hier der Gegenstand zu verstehen, der gemäß § 4 des PG. unter Schutz gestellt werden soll[45]). Folglich muß, wenn es sich um verschiedene Gegenstände handelt, die selbständig unter Schutz gestellt werden sollen, die Kennzeichnung durch mehrere Patentansprüche erfolgen. Hiernach kommt in Frage, ob es zulässig ist, auf Grund einer einzigen Anmeldung verschiedene Gegenstände in mehreren Ansprüchen gemäß § 4 unter Schutz zu stellen.

Gegen die Zulässigkeit spricht der Wortlaut der Bestimmung in § 20 Satz 2 des PG., wonach für jede Erfindung eine besondere Anmeldung erforderlich ist.

Indessen hat das Patentamt dieser Bestimmung ungeachtet von jeher mehrere Patentansprüche in einer Anmeldung zugelassen, falls die mehreren Ansprüche zusammen eine Einheit bilden. Die Auffassung des Patentamts darüber, was als Einheit gelten kann, ist im Laufe der Jahre auch nicht strenger, sondern milder geworden[46]). Das Patentamt konnte sich dem Eindrucke nicht verschließen, daß die Beanstandung der Einheit in vielen Fällen eine Zerstückelung der Anmeldung zur Folge haben kann, welche den Anmelder erheblich zu schädigen geeignet ist und unter Umständen auch dem Patentamt selbst die Behandlung nicht nur nicht erleichtert, sondern sogar erschwert. Dabei durfte aber andrerseits im Patentamte nicht unberücksichtigt bleiben, daß der bloße Wunsch, dem Anmelder gerecht

[45]) Vgl. Beitrag IV S. 8.
[46]) Bl. 1906 S. 181 (182) PA.

zu werden, der Behörde noch nicht die Befugnis verleiht, sich über eine im Gesetze aufgestellte Bestimmung hinwegzusetzen.

Es ist hiernach zu prüfen, welche Bedeutung der Vorschrift, daß für jede Erfindung eine besondere Anmeldung erforderlich ist, nach dem Gesetze zukommt.

In dieser Beziehung ist zu berücksichtigen, daß der § 20 des PG., welcher in dem Abschnitte über das Verfahren in Patentsachen enthalten ist, also nicht dem materiellen Patentrechte angehört, nur Vorschriften für die Anmeldung einer Erfindung aufstellt, sich also in erster Linie an den Anmelder wendet. Es mußte hier durch eine besondere Vorschrift der Auffassung entgegengetreten werden, daß es dem Anmelder gestattet sei, beliebig viele Erfindungen in einer einzigen Anmeldung zu vereinigen und dafür ein einziges Patent zu beanspruchen. Eine solche Befugnis konnte dem Anmelder nicht gewährt werden. Die Zulassung von ganz verschiedenen, unter sich in gar keinem Zusammenhang stehenden Erfindungen würde zunächst schon die Übersicht über die Anmeldung wie über das erteilte Patent stören. Den verschiedenen Erfindungen müßten auch verschiedene Bezeichnungen entsprechen, die bei der Bekanntmachung der Anmeldung in den verschiedenen dafür in Betracht kommenden Patentklassen zu veröffentlichen wären. Gegen die verschiedenen Ansprüche würden besondere Einsprüche erhoben werden, die in einem Verfahren zusammen zu behandeln wären. Eine häufiger vorkommende Vereinigung ganz verschiedener Erfindungen in einer Patentschrift würde ferner die Ordnung des Prüfungsstoffes, die eine notwendige Voraussetzung der Prüfung im allgemeinen bildet, sehr erschweren und damit auch die Prüfungstätigkeit in ihrer Zuverlässigkeit nachteilig beeinflussen. Aber auch für die eingereichte Anmeldung selbst würde eine Häufung von Erfindungen allerverschiedenster Art die Prüfung unter Umständen nahezu unmöglich machen, weil jede Erfindung von dem für sie sachverständigen Vorprüfer und der zuständigen Abteilung geprüft werden soll, hier aber nur ein einziger Vorprüfer und nur eine einzige Abteilung mit der Anmeldung befaßt werden kann. Diesen Unzuträglichkeiten auf seiten des Amts würde in der Person des Anmelders nur das Interesse gegenüberstehen, die Gebühren für mehrere Anmeldungen und Patente zu sparen.

Von diesem Gesichtspunkte aus ist die Bestimmung, daß für jede Erfindung eine besondere Anmeldung erforderlich ist, zu betrachten. Dies führt dazu, mehrere Erfindungen in einer Anmeldung nur dann zuzulassen, wenn zwischen diesen Erfindungen ein gewisser Zusammenhang besteht, welcher ihre Verbindung gerechtfertigt erscheinen läßt. Mit den verhältnismäßig geringfügigen Störungen, die sich auch bei solcher Beschränkung für die Prüfung noch ergeben, wird sich das Patentamt mit Rücksicht auf die dabei in Betracht kommenden Interessen der Anmelder wohl abfinden können.

Faßt man die Bedeutung der Bestimmung, daß für jede Erfindung eine besondere Anmeldung erforderlich ist, in diesem Sinne auf, so hat der Ausdruck Erfindung hier nicht den Sinn, der ihm in § 4 des PG. zukommt. In beiden Bestimmungen bedeutet Erfindung zwar das Erfundene, aber in § 4 ist es der erfundene Gegenstand, während es in § 20 Abs. 2 den eine Einheit bildenden Komplex dessen bedeutet, was der Anmelder erfunden hat. Es genügt für den letzteren Fall, daß das Erfundene technisch oder wirtschaftlich betrachtet für den Anmelder ein Ganzes bildet. Meldet er mit Rücksicht auf diese Zusammengehörigkeit das Erfundene als eine Erfindung an, so geschieht dies nicht, um Gebühren zu sparen, sondern aus dem Interesse heraus, das der Anmelder daran hat, den Zusammenhang seiner Erfindung in der Anmeldung aufrechtzuerhalten.

Abweichend von der hier vertretenen Auffassung hat das Patentamt in einer neueren grundlegenden Entscheidung[47]) das Erfordernis der Einheit dahin festgestellt, daß es dabei auf die Einheit des Problems ankommt und darüber folgende Grundsätze aufgestellt:

1. Eine Erfindung ist einheitlich im Sinne des § 20 Satz 2 des Patentgesetzes, wenn das ihr zugrunde liegende Problem einheitlich ist und alle ihre Teile zur Problemlösung nötig sind, oder auch nur geeignet sind, sie zu fördern.

---

[47]) Bl. 1913 S. 292 PA.

2. Ist das Problem als solches neu, so können mehrere selbständige Lösungen in einer Anmeldung behandelt werden.

Ist das Problem als solches bekannt und gelöst, so müssen die in einer Anmeldung zu behandelnden Lösungen unter sich auf demselben Lösungsprinzip beruhen.

In beiden Fällen hat jede Lösung oder Ausführungsform der unter 1 für die Erfindungsteile gestellten Forderung zu genügen. —

Ob hierdurch die Frage der Einheit in befriedigender Weise gelöst ist, wird erst die Erfahrung zeigen können.

In der Praxis des Patentamts sind folgende Vereinigungen mehrerer Erfindungsgegenstände in einer Anmeldung von jeher als zulässig anerkannt:

a) Wenn eine Erfindung angemeldet wird, durch welche auf Grund eines neuen eigenartigen Verfahrens ein neues eigenartiges Erzeugnis geschaffen wird, so ist es zulässig, in einer Anmeldung zwei Patentansprüche aufzustellen, von denen der eine auf das Verfahren, der andere auf das Erzeugnis gerichtet ist. Der auf das Erzeugnis gerichtete Anspruch ist hier nicht überflüssig, denn er soll auch ein solches Erzeugnis unter Schutz stellen, das auf Grund eines ganz anderen Verfahrens geschaffen worden ist. Hier liegt Einheit der Erfindung, d. h. des Erfundenen, vor, obgleich dem Anmelder durch das erteilte Patent zwei verschiedene Gegenstände und in diesem Sinne zwei verschiedene Erfindungen, nämlich ein Verfahren und ein Erzeugnis, gemäß § 4 des PG. geschützt werden. Keiner von beiden Patentansprüchen schließt den andern aus, weil sie auf etwas Verschiedenes gerichtet sind. Der Anmelder wäre hier nicht gehindert, sich das Erfundene durch zwei verschiedene Patente schützen zu lassen, aber die Einheit des Erfundenen gewährt ihm die Möglichkeit, beide Gegenstände durch ein einziges Patent mit zwei Ansprüchen geschützt zu erhalten.

b) Ist ein erfundener Gegenstand durch besondere Ausbildung einzelner Merkmale oder durch Hinzufügung neuer Merkmale verbessert worden, so ist es zulässig, dem Anspruche auf die Haupterfindung noch besondere Ansprüche auf die einzelnen Verbesserungen hinzuzufügen. Die Ansprüche müssen sich indessen auf patentrechtlich verschiedene Gegenstände richten. Nebenansprüche, die dem Anmelder nichts weiter gewähren, als was ihm nach den Grundsätzen von der Äquivalenz auch schon durch den Hauptanspruch zuteil wird, sind nicht zulässig, da sie nur eine überflüssige Wiederholung des Hauptanspruchs bilden[48]).

c) Ist auf Grund desselben erfinderischen Gedankens die gleiche Aufgabe in verschiedener Weise gelöst worden, so kann auf jede der verschiedenen Ausführungsformen ein besonderer Anspruch gerichtet werden, sofern nicht die Ansprüche unter dem Gesichtspunkte der Äquivalenz patentrechtlich den gleichen Inhalt haben würden.

Daß auch ein wirtschaftlicher Zusammenhang die Einheit der Erfindung zu begründen vermag, ist in der Praxis des Patentamts bisher, grundsätzlich wenigstens, noch nicht anerkannt worden. Sofern das Patentamt es auch hier, unserer Auffassung entsprechend, zulassen sollte, mehrere Verbesserungen eines Gegenstandes, die im übrigen miteinander keinerlei Zusammenhang haben, in einer Anmeldung zu vereinigen, so kann der beanspruchte Schutz nur in mehreren Ansprüchen richtig zum Ausdruck kommen. Denn darin, daß beide Verbesserungen a und b in einem Gegenstande vereinigt sind, liegt, wie hier vorausgesetzt wurde, nichts Eigenartiges, also nichts, was den Gegenstand patentfähig macht. Eigenartig ist der Gegenstand nur, weil er a und weil er b, jedes für sich betrachtet, enthält. Es liegen also in Wirklichkeit zwei verschiedene Erfindungsgegenstände vor, die folglich auch durch zwei verschiedene Ansprüche geschützt werden müssen[49]).

Der Zusammenhang der verschiedenen Erfindungen muß ein solcher sein, daß der Anmelder ein Interesse hat, diesen Zusammenhang in der Anmeldung aufrechtzuerhalten. Die bloße Tatsache, daß die Erfindungen denselben Gegenstand zu verbessern geeignet sind, genügt nicht.

Auch eine nicht einheitliche Anmeldung ist eine Anmeldung im Rechtssinne. Der der Anmeldung anhaftende Mangel

---

48) Vgl. Beitrag III S. 22.

49) Vgl. hierüber die näheren Ausführungen in Beitrag III S. 24ff.

kann dadurch beseitigt werden, daß sie in mehrere Sonderanmeldungen zerlegt wird, die mit der ursprünglichen Priorität weiter verfolgt werden können[50]).

An einer Anmeldung können mehrere Anmelder beteiligt sein.

Mehrere Anmelder haben einen gemeinsamen Vertreter oder Zustellungsbevollmächtigten zu bestellen. Auch einer der Mitanmelder kann Vertreter oder Zustellungsbevollmächtigter sein.

Der Anspruch auf Patenterteilung, welcher durch die Anmeldung begründet wird, ist nicht teilbar; er steht allen Mitanmeldern gemeinschaftlich zu. Die Mitanmelder können zwar ihr Mitrecht abtreten oder vererben, aber sie können über den gemeinschaftlichen Gegenstand auch nur im ganzen und gemeinschaftlich verfügen (vgl. § 747 Satz 2 des BGB.). Wie sie ihr Verhältnis zueinander regeln, ist eine innere Angelegenheit. Dem Patentamte gegenüber können sie ihre Erklärungen nur gemeinschaftlich oder durch den von ihnen bestellten Vertreter abgeben. Widersprechende Erklärungen haben keine rechtlichen Wirkungen; sie gelten als nicht abgegeben. Nur in besonderen Fällen, nämlich zur Erhaltung des Rechts, kann ein Anmelder den andern vertreten[51]).

Ein einzelner Anmelder ist nicht befugt, die Anmeldung als solche zurückzunehmen. Dagegen steht es ihm frei, für seine Person auf den Anspruch auf Patenterteilung zu verzichten. In diesem Falle scheidet er aus dem Verfahren aus, und die Anmeldung kann nunmehr von den übrigen Anmeldern ohne ihn weiter verfolgt werden.

Die Anmeldung, d. h. der Anspruch auf Patenterteilung, kann ebenso wie das erteilte Patent vererbt und sowohl beschränkt wie unbeschränkt durch Vertrag oder durch Verfügung von Todes wegen auf andere übertragen werden[52]).

---

[50]) Vgl. darüber unten S. 46ff.

[51]) Bl. 1911 S. 248 RG., Mitt. v. Verb. D. PA. 1912 S. 26 PA.

[52]) Vgl. § 6 des PG. und unten S. 114ff sowie Beitrag IV S. 33.

6. Zusatzpatente.

Bezweckt eine Erfindung die Verbesserung oder sonstige weitere Ausbildung einer andern, zugunsten des Patentsuchers durch ein Patent geschützten Erfindung, so kann dieser die Erteilung eines Zusatzpatents nachsuchen, welches mit dem Patent für die ältere Erfindung sein Ende erreicht (§ 7 des PG.).

Die Erteilung des Zusatzpatents setzt Identität der Person voraus. Nur derjenige kann die Erteilung eines Zusatzpatents beantragen, welcher Anmelder oder Inhaber des Hauptpatents ist. Identität des Erfinders ist nicht erforderlich. Die Identität braucht auch nicht von Anfang an vorzuliegen, sondern kann nachträglich dadurch hergestellt werden, daß der Anmelder des Zusatzpatents sich das Hauptpatent übertragen läßt oder umgekehrt. Es kommt nur darauf an, daß im Augenblicke der Erteilung des Zusatzpatents Identität vorliegt; nach der Erteilung können die Patente in verschiedene Hände übergehen.

Die Verbesserung oder sonstige weitere Ausbildung der Haupterfindung muß gleichfalls eine Erfindung sein, die auch für sich allein durch ein selbständiges Patent geschützt werden könnte[53]).

Bei der Prüfung, ob die Zusatzerfindung patentfähig ist, ist zu beachten, daß dasjenige, was durch das Hauptpatent bereits geschützt ist, nicht nochmals geschützt werden kann. Eine Doppelpatentierung ist nicht zulässig. Dagegen bleibt bei der Prüfung der Patentfähigkeit außer Betracht, daß dem Anmelder des Zusatzpatentes ebenso wie dem Patentamte die Haupterfindung bereits bekannt war. Die Haupterfindung ist nur dann neuheitsschädlich, wenn die Voraussetzung des § 2 des PG. erfüllt ist. Hiernach ist es nicht erforderlich, daß die Zusatzerfindung gegenüber dem Erfindungsgedanken der Haupterfindung einen weiteren *erfinderischen* Schritt enthält, sofern nicht etwa dieser Erfindungsgedanke bereits Gemeingut geworden ist. Es kann also der gleiche Erfindungsgedanke auch für die Zusatzerfindung verwertet werden und auch für diese die Patentfähigkeit begründen. Dies wird bei der Beurteilung

---

[53]) Bl. 1896 S. 146 RG., Bl. 1897 S. 145 RG.

der Zusatzerfindung leicht übersehen. Hiernach ist nur erforderlich, daß die Zusatzanmeldung auf eine Verbesserung oder Ausbildung gerichtet ist, die nicht bereits, unter Berücksichtigung der Grundsätze von der Äquivalenz, durch das Hauptpatent unter Schutz gestellt ist[54]).

Die Zusatzanmeldung kann schon eingereicht werden, wenn das Verfahren über die Hauptanmeldung noch schwebt. Das Zusatzpatent darf jedoch nicht früher erteilt werden als das Hauptpatent. Denn das Zusatzpatent darf nur zu einem Hauptpatente erteilt werden. Solange aber das Verfahren über die Hauptanmeldung noch schwebt, ist es ungewiß, ob das Hauptpatent erteilt wird. Die Zusatzanmeldung darf auch nicht vor der Hauptanmeldung bekanntgemacht werden, sofern die Zusatzanmeldung ohne die Hauptanmeldung nicht verständlich ist. Erforderlichenfalls ist das Verfahren in Sachen der Zusatzanmeldung auszusetzen.

Die Zusatzanmeldung darf erst nach der Hauptanmeldung eingereicht werden, weil das Hauptpatent älter sein muß als das Zusatzpatent. Dies bezieht sich indessen nur auf den Zeitpunkt der deutschen Anmeldung, die für den Beginn des Patents maßgebend ist. Auf Grund von internationalen Verträgen oder eines Ausstellungsschutzes oder einer Entnahme kann der Zusatzanmeldung eine ältere Priorität zukommen als der Hauptanmeldung. Werden beide Anmeldungen zugleich bei der Annahmestelle des Patentamts abgegeben und erhält dabei die Zusatzanmeldung zufällig die ältere Geschäftsnummer, so begründet dies keine ältere Priorität, weil den Umständen nach anzunehmen ist, daß der Anmelder zuerst die Hauptanmeldung und darauf die Zusatzanmeldung hat abgeben wollen[55]).

Der Antrag auf Erteilung des Zusatzpatents braucht nicht schon bei Einreichung der Anmeldung vorzuliegen, sondern kann bis zur Patenterteilung gestellt werden, solange seine Berücksichtigung im Geschäftsgange noch möglich ist.

Für das Zusatzpatent ist nur die Anmeldegebühr und die

---

[54]) M. u. W. X S. 246 RG.

[55]) Bl. 1904 S. 169 PA.

mit der Bekanntmachung des Patents fällige erste Jahresgebühr zu entrichten. Weitere Jahresgebühren sind für das Zusatzpatent nicht zu bezahlen. Dagegen erlischt das Zusatzpatent, wenn das Hauptpatent sein Ende erreicht.

Wird das Hauptpatent für nichtig erklärt, so wird damit das Zusatzpatent selbständig. In diesem Falle bestimmt sich dessen Dauer und der Fälligkeitstag der Gebühren nach dem Anfangstag des Hauptpatents. Dagegen ist für den Jahresbetrag der Gebühren der Anfangstag des Zusatzpatents maßgebend. Als erstes Patentjahr gilt dabei der Zeitabschnitt zwischen dem Tage der Anmeldung des Zusatzpatents und dem nächstfolgenden Jahrestag des Anfanges des Hauptpatents. Hat z. B. das Hauptpatent am 1. Juli 1902 begonnen und ist es am 1. Oktober 1908 rechtskräftig für nichtig erklärt und hat das Zusatzpatent am 1. Dezember 1905 begonnen, so gilt der 1. Juli 1902 als Anfangstag des selbständig gewordenen Zusatzpatents. Das Zusatzpatent endigt hier mit Ablauf des 30. Juni 1917, also mit dem Zeitpunkte, zu dem es auch sonst mit dem Hauptpatente erloschen wäre. Der 1. Juli gilt auch als Fälligkeitstag der Gebühren. Als erstes Jahr gilt der Zeitabschnitt zwischen dem 30. November 1905 und dem darauffolgenden 1. Juli 1906. Das Zusatzpatent ist hier am 1. Oktober 1908 selbständig und gebührenpflichtig geworden. Der nächste Fälligkeitstag der Gebühr ist folglich der 1. Juli 1909. Mit diesem Tage wird die fünfte Jahresgebühr fällig.

Erlischt das Hauptpatent, weil die Jahresgebühr nicht bezahlt ist, so erlischt mit ihm auch das Zusatzpatent.

Verzichtet der Patentinhaber auf das Hauptpatent, nicht aber auf das Zusatzpatent, so bleibt das Zusatzpatent nach der neueren Praxis des Patentamts in Kraft. In diesem Falle kommen für die Gebührenpflicht des selbständig gewordenen Zusatzpatents die gleichen Grundsätze zur Anwendung, wie im Falle einer Vernichtung des Hauptpatents.

Zu einem Hauptpatent können mehrere Zusatzpatente erteilt werden. Hier werden, wenn das Hauptpatent vernichtet wird oder infolge Verzichts ohne die Zusatzpatente erlischt, sämtliche Zusatzpatente selbständig, und jedes wird nach den bereits angegebenen Grundsätzen für sich gebührenpflichtig.

Nach der Praxis des Patentamts ist es auch zulässig, zu Zusatzpatenten Unterzusatzpatente zu erteilen. Diese Praxis ist nicht unbedenklich. Zwar kann es technologisch nicht zweifelhaft sein, daß eine Zusatzerfindung eine weitere Verbesserung erfahren kann, die sich gerade auf diese Zusatzerfindung oder unter mehreren Zusatzerfindungen nur auf eine einzelne unter diesen bezieht. Zweifelhaft ist nur, ob die Erteilung eines Unterzusatzpatents dem Gesetze entspricht. Die Erteilung von Zusatzpatenten ist an und für sich eine Anomalie, und eine weitere Ausbildung dieser Anomalie erscheint bedenklich, zumal sich dabei erhebliche Zweifel hinsichtlich der Gebührenpflicht ergeben, wenn sowohl das Hauptpatent, wie das Zusatzpatent, beide für nichtig erklärt werden, während das Unterzusatzpatent in Kraft bleibt.

Unterzusatzpatente können jedenfalls nur unter der Voraussetzung erteilt werden, daß sie Verbesserungen enthalten, die mittelbar auch die Haupterfindung verbessern, wenn auch nur auf dem Wege über die Zusatzerfindung. Es ist nicht zulässig, für Verbesserungen, welche mit der Haupterfindung nichts zu tun haben, weil sie die Zusatzerfindung in ganz anderer Richtung verbessern, die für die Haupterfindung belanglos ist, Unterzusatzpatente zu erteilen. Wird die Haupterfindung, wenn auch nur mittelbar, verbessert, so ist es jedenfalls zulässig, statt eines Unterzusatzpatents ein weiteres Zusatzpatent zum Hauptpatent zu erteilen.

Die Streitfrage, ob die Gebührenpflicht des Unterzusatzpatents, welches durch Vernichtung des Hauptpatents und des Zusatzpatents selbständig wird, sich nach dem Hauptpatent oder nach dem Zusatzpatent zu richten hat, ist in ersterem Sinne zu entscheiden. Das Unterzusatzpatent wird ja auch nicht selbständig, wenn nur sein Zusatzpatent vernichtet wird, sondern es bleibt in diesem Falle vom Hauptpatente, zu dem es auch hätte erteilt werden können, abhängig.

Es steht völlig im Belieben des Anmelders, ob er für seine Verbesserung ein Zusatzpatent nehmen oder ob er sich diese

Verbesserung durch ein Hauptpatent schützen lassen will. Er kann auch bis zur Patenterteilung einen gestellten Antrag ändern[56]).

7. Die Vorprüfung.

Die Patentanmeldung unterliegt zunächst einer Vorprüfung durch das für die Klasse zuständige Mitglied des Patentamts, welchem die Anmeldung seitens der mit der Klassenauszeichnung betrauten Dienststelle überwiesen wird. Die Anmeldungen werden nach der Reihenfolge ihres Eingangs behandelt[57]).

Die Prüfung ist bis zur amtlichen Bekanntmachung eine geheime. Dies schließt indessen nicht aus, daß die Akten anderen Behörden, z. B. der Staatsanwaltschaft oder dem Gerichte, mitgeteilt werden. Bei Übersendung der Akten wird das Patentamt gegebenenfalls auf das Erfordernis der Wahrung des Erfindergeheimnisses hinweisen, muß es im übrigen aber dem pflichtmäßigen Ermessen dieser Behörden überlassen, ob überwiegende Interessen die Preisgabe des Geheimnisses erfordern. Es stehen auch keine Bedenken entgegen, dritten Personen unter besonderen Umständen, z. B. wenn eine Entnahme behauptet wird, auf Anfrage von der Tatsache der Anmeldung Mitteilung zu machen, sofern diesen Personen über die Erfindung selbst, auf die es ankommt, nicht mehr mitgeteilt wird, als aus ihrer Anfrage ohnehin schon zu entnehmen ist. Hier wird das Erfindergeheimnis als solches nicht preisgegeben. Kommt es demnächst zur Bekanntmachung der Anmeldung, so liegt damit für das Patentamt, wenn auch keine Verpflichtung, aber doch eine ausreichende Veranlassung vor, nunmehr den Anfragenden nachträglich auf die erfolgte Bekanntmachung hinzuweisen.

Die Prüfung erfolgt durch den Vorprüfer unter geschäftlicher Beteiligung von Bureaubeamten, von denen ein Teil auch technisch ausgebildet ist. In bestimmten Klassen werden stän-

[56]) Bl. 1914 S. 36 PA.
[57]) Bl. 1904 S. 264 PA.

dige Mitarbeiter oder technische Hilfsarbeiter zur Mitarbeit herangezogen.

Ergibt die Vorprüfung, daß die Anmeldung an einem Mangel leidet, z. B. weil die Anmeldegebühr nicht bezahlt ist, oder weil die Beschreibung nicht einwandsfrei ist, oder weil die Anmeldung mehrere nicht zusammengehörige Erfindungen umfaßt, so fordert der Vorprüfer den Anmelder auf, die vorhandenen Mängel binnen bestimmter Frist zu beseitigen. Diese Aufforderung soll nach dem Gesetze durch Vorbescheid erfolgen (§ 21 Abs. 2 des PG.).

Der Vorbescheid hat die Rechtswirkung, daß die Anmeldung als zurückgenommen gilt, wenn der Patentsucher sich nicht rechtzeitig erklärt. Die Nichtbeantwortung des Vorbescheides innerhalb der Frist hat nicht etwa nur die Bedeutung einer Vermutung, die dadurch widerlegt werden kann, daß der Anmelder glaubhaft macht, eine Zurücknahme der Anmeldung nicht beabsichtigt zu haben, sondern sie begründet kraft Gesetzes die durch kein Mittel zu beseitigende Rechtsfolge, daß die Anmeldung als zurückgenommen gilt. Der Lauf der Frist wird nur durch vorschriftsmäßige Zustellung des Vorbescheides mittels eingeschriebenen Briefes eröffnet[58]). Es genügt zur Abwendung des drohenden Nachteils, daß innerhalb der Frist eine Erklärung auf den Vorbescheid eingeht. Einer sachlichen Äußerung bedarf es nicht, sondern schon die bloße Erklärung, daß die Anmeldung aufrechterhalten werde, oder ein Fristgesuch setzt den Vorbescheid außer Kraft. Die Wirkung tritt auch dann nicht ein, wenn der Anmelder schon vor Zustellung des Vorbescheides eine neue Eingabe eingereicht hatte, auf welche eine Entscheidung noch nicht ergangen war[59]); denn hier ist der Vorbescheid durch die neue Eingabe überholt.

In dem Vorbescheide besitzt das Patentamt ein scharfes Mittel, auf die Beseitigung vorhandener Mängel hinzuwirken. Dieses Mittel versagt einem kundigen Anmelder gegenüber, der durch eine bloße Erklärung das Mittel außer Kraft setzt. Andrerseits gefährdet es den unkundigen Anmelder, der unter Um-

[58]) Bl. 1903 S. 163 PA.

[59]) Bl. 1901 S. 275 PA.

ständen eine geringe Säumnis mit dem Verluste seines Rechts aus der Anmeldung büßen muß. Da die strenge Anwendung dieses Mittels nach dem Gesetze in der Praxis zu großen Härten führte, so ist das Patentamt alsbald dazu übergegangen, den Patentsucher nicht durch Vorbescheid, sondern durch einfache Verfügung zur Beseitigung der Mängel innerhalb bestimmter Frist aufzufordern. An die einfache Verfügung ist die Rechtsfolge einer Zurücknahme der Anmeldung für den Fall nicht rechtzeitiger Erklärung nicht geknüpft.

Der Erlaß einer einfachen Verfügung statt des Vorbescheides ist im Gesetze allerdings nicht vorgesehen. Indessen ist dem Patentamte dieser Ausweg nach dem Gesetze auch nicht verschlossen, und Bedenken grundsätzlicher Art, die das Patentamt verhindern könnten, den Patentsucher auch ohne Vorbescheid auf formale Mängel aufmerksam zu machen und deren Beseitigung zu verlangen, bestehen nicht. Das Gesetz sagt auch nicht, daß der Vorprüfer einen Vorbescheid erlassen muß, sondern nur, daß der Patentsucher durch Vorbescheid aufgefordert wird, die vorhandenen Mängel innerhalb bestimmter Frist zu beseitigen[60]).

Werden die der Anmeldung anhaftenden Mängel trotz Aufforderung nicht beseitigt, so gibt der Vorprüfer die Anmeldung an die Abteilung ab, welche auf Vortrag des Berichterstatters, wenn sie der Bemängelung des Vorprüfers beitritt, die Anmeldung zurückweist. Die Abweisung ist nur dann gerechtfertigt, wenn die Mängel bis zur Beschlußfassung nicht beseitigt sind. Der Anmelder kann also auch nach Ablauf der Frist den an ihn gestellten Anforderungen genügen[61]). Verzögert er dies über die ihm gesetzte Frist hinaus, so setzt er sich damit nur der Gefahr aus, daß die Zurückweisung erfolgt, bevor er die Beseitigung der Mängel bewirkt hat. Die Anmeldung ist auch dann mit Recht zurückgewiesen, wenn die Mängel zwar noch vor der Beschlußfassung, aber so spät beseitigt sind, daß

---

[60]) Über den Vorbescheid, welcher nicht wegen formaler Mängel, sondern aus sachlichen Gründen die Erteilung eines Patents für ausgeschlossen erklärt, vgl. unten S. 65ff.

[61]) Bl. 1898 S. 252 PA.

dies im gewöhnlichen Geschäftsgange nicht mehr berücksichtigt werden konnte.

Es steht im Ermessen der Abteilung, ob sie vor Abweisung der Anmeldung auch ihrerseits noch eine Aufforderung zur Beseitigung der Mängel ergehen lassen will. Dies wird namentlich in zweifelhaften Fällen am Platze sein, wenn der Anmelder die Auffassung des Vorprüfers als unrichtig bekämpft und nach Lage der Sache wohl damit rechnen kann, daß die Abteilung sich dem Vorprüfer nicht anschließen werde.

Sowohl dem Vorprüfer wie der Abteilung ist es unbenommen, an die Erledigung der Verfügung noch besonders zu erinnern oder dem Anmelder auf seinen Antrag eine weitere Frist zu erteilen, wenn die bereits gewährte Frist nicht für ausreichend erachtet wird.

Tritt die Abteilung der Bemängelung des Vorprüfers nicht bei, so hat sie auch keinen Grund zur Abweisung der Anmeldung. Der Vorprüfer muß dann seine Bemängelung, der er keinen Nachdruck mehr geben kann, fallen lassen und die Anmeldung weiter behandeln.

Wird statt der mangelhaften Beschreibung eine andere Beschreibung eingereicht, der zwar die bisherigen Mängel nicht mehr anhaften, die aber neue Mängel aufweist, so findet wegen Beseitigung dieser Mängel das gleiche Verfahren statt. Eine Abweisung der Anmeldung ohne Zwischenverfügung ist nur dann statthaft, wenn eine spätere Beschreibung Mängel zeigt, auf welche der Anmelder bereits aus Anlaß einer früheren Beschreibung hingewiesen ist.

Wird die Anmeldung wegen der vorhandenen Mängel zurückgewiesen, so steht dem Anmelder noch die Möglichkeit offen, durch das Rechtsmittel der gebührenpflichtigen, an eine bestimmte Frist gebundenen Beschwerde die Aufhebung der Abweisung herbeizuführen, indem er erforderlichenfalls vor der Beschwerdeabteilung die Beseitigung der Mängel vornimmt[62]).

Ist die Anmeldung nicht einheitlich, so wird der Anmelder aufgefordert, für jede der verschiedenen in eine unzulässige

[62]) Vgl. darüber S. 89ff.

Verbindung gebrachten Erfindungen einen besonderen Antrag auf Patenterteilung zu stellen. Kommt der Anmelder dieser Aufforderung nach, so sind nunmehr statt des ursprünglich beantragten einen Patents mehrere Patente beantragt. Es liegen dann ebenso viele Sonderanmeldungen vor, als Patente beantragt sind. Die ursprüngliche Anmeldung war indessen eine Anmeldung im Rechtssinne, denn es genügt zur Anmeldung, daß in schriftlicher Form der Antrag auf Patentschutz gestellt und dabei dasjenige, was unter Schutz gestellt werden soll, in einer für den Sachverständigen verständlichen Weise beschrieben wird. Durch die ursprüngliche, wenn auch mangelhafte, Anmeldung ist also ein Anspruch auf Patenterteilung und damit die Priorität begründet. Dieser Anspruch wird selbstverständlich nicht dadurch beseitigt, daß der der ursprünglichen Anmeldung anhaftende Mangel auf Aufforderung des Amts behoben wird. Die Sonderanmeldungen bilden vielmehr die Fortsetzung der ursprünglichen Anmeldung, und ihnen kommt deshalb die ursprüngliche Priorität zu. Sie sind dann jede für sich von Amts wegen weiterzubehandeln, und die sich dabei etwa ergebenden Mängel, z. B. das Fehlen der Anmeldegebühr, sind auf Aufforderung gleichfalls zu beseitigen. Ist für die ursprüngliche Anmeldung die Anmeldegebühr bereits bezahlt, so kann diese auf eine der Sonderanmeldungen in Anrechnung gebracht werden, denn die ursprüngliche Anmeldung ist nicht etwa eine von den Sonderanmeldungen verschiedene Anmeldung. Es sind nur so viele Gebühren zu bezahlen, als Sonderanmeldungen vorliegen. Würde der Anmelder absichtlich im unklaren lassen, auf welche Sonderanmeldung die Gebühr verrechnet werden soll, so würde dies zur Folge haben, daß die Gebühr zurückgezahlt wird und dann sämtliche Sonderanmeldungen wegen Nichtzahlung der Anmeldegebühr abgewiesen werden.

Die Trennung der ursprünglichen Anmeldung auf amtliche Beanstandung vollzieht sich häufig in der Form, daß der Anmelder erklärt, die andere Erfindung aus der vorliegenden Anmeldung ausscheiden zu wollen. Damit ist dann der Aufforderung des Amts, die Erteilung mehrerer Patente zu beantragen, entsprochen. Indessen findet hier keine Ausscheidung in dem

Sinne statt, daß nur der nichtausgeschiedene Teil in der ursprünglichen Anmeldung verblieben wäre. Vielmehr findet hier nur eine Trennung statt, und es bleibt dem Ermessen des Amts überlassen, welcher Gegenstand in den bisherigen Akten weiter zu behandeln ist. Die aktenmäßige Behandlung ist für das Rechtsverhältnis ganz ohne Bedeutung. Der in den Akten verbliebene Gegenstand steht zur ursprünglichen Anmeldung in keinem andern Rechtsverhältnis, als der aus den Akten ausgeschiedene Gegenstand. Es würde ja auch nichts im Wege stehen, für jede der Sonderanmeldungen neue Akten anzulegen. Die Erklärung des Anmelders, daß er einen Teil ausscheiden wolle, bedarf aber unter Umständen der Klarstellung. Denn der Anmelder kann damit gemeint haben, daß er den ausscheidenden Gegenstand auf Grund der ursprünglichen Unterlagen nicht weiter behandelt wissen will und daß er für die von ihm beabsichtigte Neuanmeldung sich unter Verzicht auf die ursprüngliche Priorität volle Freiheit wahren, also an die ursprünglichen Unterlagen ihrem sachlichen Inhalt nach nicht gebunden sein will. Eine Neuanmeldung in diesem Sinne steht dem Anmelder selbstverständlich frei.

Kommt der Anmelder der Aufforderung, die nicht einheitliche Anmeldung zu trennen, nicht nach, so legt der Vorprüfer die Sache der Abteilung vor, welche darüber auf Vortrag des Berichterstatters Beschluß faßt. Erachtet die Abteilung die Anmeldung für einheitlich, so hat der Vorprüfer die Anmeldung auf dieser Grundlage weiter zu behandeln. Tritt hingegen die Abteilung der Beanstandung des Vorprüfers bei, so kann sie entweder nach ihrem Ermessen durch Zwischenverfügung, die vom Anmelder auch besonders erbeten werden kann, dem Anmelder nochmals Gelegenheit geben, die Anmeldung zu trennen, oder aber sofort zur Abweisung der Anmeldung schreiten. Gegen die Abweisung steht dem Anmelder dann noch die befristete und gebührenpflichtige Beschwerde[63]) zu. Ist die Anmeldung endgültig zurückgewiesen, so ist damit der Anspruch auf Patenterteilung erloschen, und es kann folglich für später

[63]) Vgl. S. 91ff.

eingereichte Sonderanmeldungen die ursprüngliche Priorität nicht mehr in Anspruch genommen werden.

Entspricht die Anmeldung den zu stellenden Anforderungen, so tritt der Vorprüfer in die sachliche Prüfung ein. Vor Beseitigung der Mängel wird eine sachliche Prüfung regelmäßig nicht vorgenommen, und nur ausnahmsweise, nämlich wenn die Erteilung eines Patents offenbar ausgeschlossen ist, wird der Vorprüfer den Anmelder, um ihm Zeit und Kosten zu sparen, sogleich bei Mitteilung der formalen Mängel auf die patenthindernden Tatsachen aufmerksam machen.

Bei der Prüfung kann der Vorprüfer jederzeit zur Aufklärung der Sache eine mündliche Verhandlung anberaumen (§ 25 des PG.). Der Anmelder ist zwar nicht verpflichtet, der Ladung Folge zu leisten, es liegt aber selbstverständlich in seinem Interesse, sich diese Gelegenheit zur Aufklärung der noch für unklar erachteten Anmeldung nicht entgehen zu lassen. Auch dem Anmelder steht es frei, den Antrag auf Anberaumung einer mündlichen Verhandlung zu stellen. Die mündliche Verhandlung bildet das sicherste, beste und schnellste Mittel, um zwischen dem Vorprüfer und dem Anmelder über den Gegenstand der Anmeldung die erforderliche Klarheit zu schaffen. Verhandlungen dieser Art, die sich ganz formlos vollziehen, finden im Patentamte täglich statt, und es kann von diesem Aufklärungsmittel nicht oft genug Gebrauch gemacht werden. Es ist dem Anmelder auch unbenommen, sich ohne weiteres zwecks Rücksprache mit dem Vorprüfer während der Diensstunden im Amte einzufinden, wobei er dann allerdings die Gefahr läuft, daß der Vorprüfer wegen einer Sitzung verhindert ist, eine Verhandlung mit ihm abzuhalten.

Mit dem Grundsatze der Schriftlichkeit des Verfahrens steht die mündliche Verhandlung vor dem Vorprüfer nicht im Widerspruch. Denn es handelt sich hierbei nur um eine Klärung. Ergibt sich bei der mündlichen Verhandlung, daß die abgegebenen mündlichen Erklärungen sich mit den eingereichten Schriftsätzen nicht völlig decken, so müssen diese Erklärungen in schriftlicher Form nachgereicht werden. Denn die erforderliche Aufklärung muß nicht nur dem Vorprüfer mündlich gegeben werden, sondern sie muß, und zwar durch die Person des Anmelders, in schriftlicher Form aktenkundig gemacht werden, damit jeder Sachverständige in der Lage ist, den Gegenstand der Anmeldung aus den vorhandenen Schriftsätzen klar zu erkennen. Reicht der Anmelder die erforderlichen schriftlichen Erklärungen nicht nach, so wird er vom Vorprüfer dazu aufgefordert. Ist die Aufforderung erfolglos, so können die mündlichen Erklärungen nicht weiter berücksichtigt werden.

Der Vorprüfer seinerseits kann zwar zu den mündlichen Erklärungen des Anmelders sofort Stellung nehmen, indessen kommt der mündlichen Verfügung des Vorprüfers eine rechtliche Bedeutung nicht zu. Das Verfahren vor dem Patentamt hat sich in schriftlicher Form zu vollziehen, und der Vorprüfer muß daher, selbst wenn seine Stellungnahme sich darauf beschränkt, eine Frist festzusetzen, innerhalb welcher der Anmelder seine mündlichen Erklärungen schriftlich einzureichen hat, gleichfalls die schriftliche Form wählen[64]).

Ist mit der mündlichen Verhandlung eine Vorführung des Gegenstandes oder eines Modells verbunden, so macht der Vorprüfer selbst über die Ergebnisse der Vorführung die erforderlichen Aufzeichnungen.

Erscheint es ungewiß, ob der vom Anmelder behauptete Erfolg mit den angegebenen Mitteln erreicht wird, so hat der Vorprüfer vom Anmelder die erforderliche Aufklärung zu verlangen. Wer einen Erfolg behauptet, muß auch in der Lage sein, seine Behauptung zu belegen. In erster Linie wird also der Vorprüfer vom Anmelder verlangen, daß dieser angibt, auf welche persönlichen Beobachtungen oder Erfahrungen er seine Behauptung vom Eintritt des Erfolges stützt. Genügen diese Angaben nicht, so bedarf es weiterer Aufklärung. In welcher Weise diese Aufklärung beschafft wird, ob durch wissenschaftliche Auseinandersetzungen, oder durch Einlieferung oder Vorführung eines Modells, oder durch Vorlegung von Gutachten anerkannter Sachverständiger oder auf irgendeine andere geeignete Weise, bleibt dem Anmelder überlassen. Der Vorschlag eines bestimmten Mittels durch den Vorprüfer schließt die Wahl

[64]) Bl. 1902 S. 176 PA.

eines anderen geeigneten Mittels nicht aus. Erklärt der Anmelder sich außerstande, weitere Aufklärung zu beschaffen, ohne daß die vorhandenen Zweifel behoben sind, so kann ihn der Vorprüfer seinerseits noch auf weitere Mittel aufmerksam machen, die zur Aufklärung dienlich sind. Der Vorprüfer wird sich bei dem Maße seiner Forderung, daß der Anmelder die noch bestehenden Zweifel beseitigt, danach richten, in welchem Maße über den Eintritt des Erfolges Ungewißheit besteht; er wird sich in der Regel mit der bloßen Wahrscheinlichkeit begnügen und keine Anforderungen stellen, die zur Bedeutung der Erfindung in keinem Verhältnisse stehen. Erscheinen von diesem Gesichtspunkte aus alle Mittel der Aufklärung erschöpft, ohne daß der Vorprüfer eine bestimmte Stellung einzunehmen vermag, so ist der noch übrigbleibende Zweifel zugunsten des Anmelders zu entscheiden. Denn die Abweisung einer Anmeldung ist nur dann gerechtfertigt, wenn der Gegenstand der Anmeldung nicht patentfähig ist. Ist das Patentamt nicht in der Lage, diese Feststellung zu treffen, obwohl alle Mittel, die zur Aufklärung dienen könnten, erschöpft sind, so muß die Bekanntmachung beschlossen werden. Ganz verfehlt wäre es, wenn der Vorprüfer sich rein passiv verhalten und den Anmelder in die Rolle einer beweispflichtigen Partei drängen würde, deren Aufgabe es sei, dem Vorprüfer die Überzeugung von der Patentfähigkeit des Anmeldegegenstandes beizubringen, in dem Sinne, daß der Anmelder die Konsequenz der Abweisung der Anmeldung auf sich zu nehmen habe, wenn es ihm nicht gelinge, dem Vorprüfer die erforderliche Überzeugung zu verschaffen. Hier wäre die amtliche Pflicht, die Patentfähigkeit aufzuklären, völlig verkannt.

Bei der Prüfung, ob die angemeldete Erfindung patentfähig und nicht vorweggenommen ist, ist regelmäßig der Zeitpunkt der Anmeldung zugrunde zu legen. Nur ausnahmsweise ist ein anderer Zeitpunkt maßgebend, nämlich wenn der Anmelder sich auf die Schaustellung der Erfindung auf einer staatlich anerkannten Ausstellung[65]) oder auf internationale Verträge[66])

[65]) Vgl. Beitrag I S. 77ff.
[66]) Vgl. Beitrag I S. 80ff.

oder auf die Grundsätze von der Entnahme[67]) berufen kann. Der Zeitpunkt der Anmeldung bestimmt sich nach ihrem Eingange bei der Annahmestelle des Patentamts. Von mehreren an demselben Tage eingegangenen Anmeldungen gilt gemäß § 27 der K. Verordnung vom 1. 6. 1891 diejenige als die spätere, welche die höhere Geschäftsnummer trägt. Hierbei handelt es sich indessen nur um eine Vermutung[68]), welche im einzelnen Falle entkräftet werden kann[69]).

Ergibt sich, daß die angemeldete Erfindung bereits den Gegenstand einer älteren Anmeldung bildet, so ist die Erteilung eines Patents auf die jüngere Anmeldung ausgeschlossen, falls auf die ältere Anmeldung für den gemeinsamen Gegenstand ein Patent erteilt wird. Hier ist eine Aussetzung des Verfahrens in Sachen der jüngeren Anmeldung geboten. Die Aussetzung ist indessen nur dann erforderlich, wenn der Gegenstand der jüngeren Anmeldung an und für sich patentfähig ist. Der Vorprüfer hat sich daher auch beim Vorliegen einer älteren Anmeldung der Prüfung der jüngeren Anmeldung zu unterziehen. Ergibt die Prüfung, daß die Erteilung eines Patents auf die jüngere Anmeldung an und für sich nicht ausgeschlossen ist, so ist die Prüfung wenigstens so weit fortzusetzen, als das Entgegenstehen der älteren Anmeldung dies gestattet[70]). Ist die ältere Anmeldung bekanntgemacht, so ist dem jüngeren Anmelder Gelegenheit zur Äußerung zu geben. Eine Entscheidung kann jedoch erst ergehen, wenn auf die ältere Anmeldung endgültig das Patent erteilt oder versagt worden ist. Solange dies nicht geschehen ist, kann noch mit der Möglichkeit gerechnet werden, daß der Anspruch des älteren Anmelders erlischt und der Anspruch des jüngeren Anmelders in Wirkung tritt. Die Aussetzung des Verfahrens setzt einen Beschluß der Abteilung voraus. Die Aussetzung ist zu beschließen, wenn die ältere

---

67) Vgl. Beitrag I S. 65.

68) Bl. 1904 S. 169 PA.

69) Wegen der Bedeutung der Priorität vgl. Beitrag I S. 45ff. und GR. 1908 S. 116ff.

70) Bl. 1900 S. 19 PA.

Anmeldung sich ganz oder teilweise mit der jüngeren deckt[71]). Ist die Erteilung eines Patents auf die jüngere Anmeldung in jedem Falle ausgeschlossen, so wird das Verfahren ohne Rücksicht auf die ältere Anmeldung weitergeführt[72]) und durch Abweisung der Anmeldung erledigt.

Ist von mehreren Ansprüchen ein Teil zur Bekanntmachung reif, während das Verfahren wegen des anderen Teils mit Rücksicht auf eine ältere Anmeldung ausgesetzt werden muß, so bietet sich dem Anmelder in der Teilung der Anmeldung ein Mittel, für den patentfähigen Teil alsbald Patentschutz zu erhalten.

Das Patentamt hat eine Teilung der Anmeldung in erster Instanz früher nicht selten zugelassen, während es sich neuerdings auf einen ablehnenden Standpunkt stellt und eine Teilung nur dann zuläßt, wenn die Anmeldung als nicht einheitlich zu beanstanden ist. Nach unserer Auffassung stehen einer Teilung der Anmeldung auch in anderen Fällen grundsätzliche Bedenken nicht entgegen[73]).

Die Teilung setzt voraus, daß die Anmeldung mehrere Gegenstände umfaßt[73a]). Diese Gegenstände sind zwar in einer Anmeldung vereinigt, aber sie hätten als verschiedene Gegenstände auch getrennt angemeldet werden können. Ob hier das Patentamt die Trennung wegen mangelnder Einheit fordert oder ob der Anmelder von sich aus die Teilung vornehmen möchte und das Patentamt sie zuläßt, ist ohne Bedeutung. Es begründet auch keinen Unterschied, ob zwischen den verschiedenen Gegenständen ein Zusammenhang besteht, der ihre Vereinigung in einer Anmeldung rechtfertigt, da es allein Sache des Anmelders ist, ob er diesen Zusammenhang aufrechterhalten will oder nicht.

Die Teilung erfolgt in der Weise, daß der Anmelder den Antrag stellt, ihm statt eines einzigen Patents für die verschiedenen Gegenstände mehrere Patente zu erteilen. Indessen ist mit der Stellung dieses Antrages die Teilung noch nicht vollzogen. Denn der Antrag des Anmelders, ihm statt eines Patents

---

71) Bl. 1901 S. 275 PA.

72) Bl. 1907 S. 130 PA.

73) GR. 1910 S. 89 ff.

73a) Vgl. Beitrag IV S. 8.

mehrere Patente zu erteilen, muß auf seine Zulässigkeit geprüft werden. Für diese Prüfung ist die mit der Anmeldung befaßte Amtsstelle, in erster Linie der Vorprüfer zuständig. Um die Zulässigkeit prüfen zu können, wird der Vorprüfer zunächst die Vorlegung getrennter Unterlagen verlangen. Ergeben sich hierbei keine Bedenken gegen die Teilung, so werden die vorgelegten Sonderanmeldungen mit der ihnen zukommenden ursprünglichen Priorität getrennt weiterbehandelt, und zwar zweckmäßigerweise in verschiedenen Akten, damit ihre Trennung auch äußerlich ersichtlich ist. Die im voraufgegangenen Verfahren erlassenen Verfügungen bleiben in Kraft und ihre Wiederholung für die Sonderanmeldungen ist nicht erforderlich. Indessen ist für jede Sonderanmeldung eine besondere Anmeldegebühr zu zahlen, wobei aber die bereits für die Stammanmeldung gezahlte Gebühr in Anrechnung kommt. Erachtet sich der Vorprüfer für eine der Sonderanmeldungen nicht mehr für zuständig, so veranlaßt er nach den auch sonst maßgebenden Vorschriften ihre Umschreibung nach der zuständig gewordenen Patentklasse, deren Vorprüfer dann die vollzogene Teilung hinzunehmen[74]) und die Sonderanmeldung wie jede andere Anmeldung weiterzubehandeln hat.

Hält der Vorprüfer die Teilung nicht für zulässig, so lehnt er die getrennte Behandlung der angemeldeten Gegenstände ab. Hierzu ist er befugt, denn die Teilung ist nicht ein rein tatsächlicher Akt, den der Anmelder ganz willkürlich vornehmen kann, sondern die Teilung schließt den Antrag in sich, mehrere Patente statt eines zu erteilen. Diesem Antrage kann der Vorprüfer nicht entsprechen, wenn die Voraussetzungen für eine Teilung nicht gegeben sind. Hält der Anmelder demgegenüber seinen Antrag aufrecht, so hat die Abteilung über diesen Antrag zu entscheiden und, wenn sie dem Antrage nicht zu entsprechen vermag, die Anmeldung abzuweisen, weil dem Anmelder die von ihm beanspruchten mehreren Patente im Rahmen der Anmeldung nicht erteilt werden können. Erachtet die Abteilung hingegen den

[74]) Dies schließt indessen die selbständige Prüfung nicht aus, ob sachlich auf Grund der alten Unterlagen die ursprüngliche Priorität für die Sonderanmeldung begründet ist (M. u. W. X S. 226 PA.).

gestellten Antrag für zulässig, so werden nunmehr die getrennten Sonderanmeldungen jede für sich weiterbehandelt.

Die Teilung ist auch dann abzulehnen, wenn die ganze Anmeldung aus sachlichen Gründen zur Abweisung reif ist; denn hier würde die Teilung das Verfahren unnötig aufhalten. Dem Anmelder ist es dann unbenommen, gegen die Zurückweisung der Anmeldung Beschwerde zu erheben und in zweiter Instanz seinen Antrag, ihm mehrere Patente zu erteilen, zu wiederholen.

Die Teilung ist nicht nur in erster, sondern auch in zweiter Instanz zulässig. Indessen ist es nicht angängig, eine von der Anmeldeabteilung zurückgewiesene Anmeldung in der Weise zu teilen, daß die getrennten Teile ohne Entscheidung der Beschwerdeabteilung in erster Instanz weiterbehandelt werden; denn die Zuständigkeit der zweiten Instanz kann durch die bloße Teilung nicht beseitigt werden[75]. Die Beschwerdeabteilung muß also den Abweisungsbeschluß aufheben und die getrennten Anmeldungen zur weiteren Behandlung in die erste Instanz zurückverweisen. Sie kann auch bezüglich eines Teiles die Abweisung bestätigen und nur wegen des anderen Teiles die Zurückverweisung aussprechen.

Eine willkürliche Teilung ohne Genehmigung des Amtes ist unzulässig. Läßt der Anmelder in neuen Unterlagen einen Teil der Anmeldung fort und reicht er auf diesen Teil eine besondere Anmeldung ein, ohne dabei durch Beanspruchung der alten Priorität oder auf andere Weise zu erkennen zu geben, daß es sich um eine Teilung handelt, so kann er nicht später nach seinem Belieben für den besonders angemeldeten Teil die frühere Priorität in Anspruch nehmen. Denn hier ist vom Anmelder ein Antrag, ihm für die anhängige Anmeldung zwei Patente statt eines zu erteilen, überhaupt nicht gestellt. Der Vorprüfer wird indessen, wenn die besondere Anmeldung sich mit seiner Kenntnis vollzieht, und zwar insbesondere dann, wenn bei Einreichung der besonderen Anmeldung auf die erfolgte Ausscheidung hingewiesen ist, Anlaß haben, etwaige Zweifel über die Bedeutung der besonderen Anmeldung durch Rückfrage zu klären. Kann

[75]) Bl. 1912 S. 274 PA.

es den Umständen nach nicht zweifelhaft sein, daß eine Sonderanmeldung mit alter Priorität und nicht eine neue Anmeldung beabsichtigt ist, so wird der Vorprüfer nach Einsicht der Sonderanmeldung von Amts wegen dazu Stellung zu nehmen haben, ob die Teilung zuzulassen ist oder nicht. Hieran schließt sich dann das bereits beschriebene Verfahren.

Unterläßt es der Anmelder, den Charakter seiner Anmeldung als Sonderanmeldung zum Ausdruck zu bringen, und wird die Anmeldung infolgedessen, ohne daß die Zulässigkeit der Teilung geprüft wird, als neue Anmeldung behandelt, so kann er später nicht mehr die alte Priorität in Anspruch nehmen. Denn ein Wahlrecht zwischen zwei Prioritäten steht ihm nicht zu. Welches die richtige Priorität ist, kann zwar zunächst ungewiß sein und muß dann geklärt werden. Fehlt es aber an jedem Anlaß für das Patentamt, eine solche Klärung herbeizuführen, so kann der Anmelder nicht später aus einer von ihm selbst verschuldeten Unklarheit ein Wahlrecht ableiten.

Nach der Bekanntmachung der Anmeldung ist eine Teilung nicht mehr zulässig[76]).

An der Teilung seiner Anmeldung kann der Anmelder nicht nur wegen der ihm für einen Teil drohenden Aussetzung, sondern auch aus anderen Gründen ein Interesse haben. Ein solches Interesse besteht immer, wenn der für patentfähig erachtete Gegenstand eines Anspruchs spruchreif ist, während der noch nicht spruchreife Gegenstand eines zweiten Anspruchs einer weiteren Behandlung bedarf. Eine schleunige Patenterteilung für die spruchreife Erfindung liegt auch im Interesse der Allgemeinheit, denn für diese ist es von Wert, daß ihr die spruchreife Erfindung so bald als möglich kundgegeben wird. Zwar könnte der Anmelder eine schleunige Patenterteilung auch dadurch erreichen, daß er auf den noch nicht spruchreifen Teil im Rahmen des anhängigen Verfahrens verzichtet und diesen Teil neu anmeldet. Aber damit würde er die Priorität verlieren und er müßte folglich hinter einen anderen Anmelder, der in der Zwischenzeit die gleiche Erfindung angemeldet hat,

[76]) Bl. 1910 S. 182 PA. u. GR. 1910 S. 95ff.

zurücktreten, obwohl er an sich der ältere Anmelder ist. Es entspricht daher der Gerechtigkeit, in diesen Fällen die Teilung der Anmeldung zuzulassen.

Auch für das Patentamt selbst kann eine Teilung von Wert sein. Dies ist insbesondere dann der Fall, wenn die verschiedenen in einer Anmeldung vereinigten Gegenstände, obwohl sie im Zusammenhange stehen, doch ganz verschiedenen Zweigen der Technik angehören. Hier bewirkt die Teilung, daß jeder einzelne Gegenstand an den dafür wirklich zuständigen und besonders sachverständigen Vorprüfer gelangt und daß bei Erteilung mehrerer Patente auch mehrere Patentschriften herausgegeben werden, was für die Ordnung des Recherchenmaterials von Bedeutung ist. Es kann sich auch ergeben, daß die Verbindung mehrerer Gegenstände in einer Anmeldung die Übersicht und die amtliche Behandlung außerordentlich erschwert. Hier bringt dann die Teilung die wünschenswerte Klärung und Vereinfachung.

Aus allen diesen Gründen empfiehlt es sich, die rechtlich bedenkenfreie Teilung einer Anmeldung da, wo eine Teilung möglich ist, zuzulassen.

Der Patentsucher kann auf Grund der von ihm eingereichten Anmeldung nur für diejenige Erfindung Schutz erhalten, die in den ursprünglich eingereichten Unterlagen beschrieben ist. Er kann zwar, wenn die ursprüngliche Beschreibung ungenügend war, das Fehlende nachträglich ergänzen[77]. Sobald aber seine Erfindung richtig und vollständig beschrieben ist, liegt auch eine Anmeldung im Rechtssinne vor, welche die Grundlage für das eingeleitete Patenterteilungsverfahren zu bilden hat.

Es ist dem Patentsucher nicht gestattet, nachträglich eine andere Erfindung zur ursprünglich angemeldeten hinzuzufügen oder an ihre Stelle zu setzen.

Wird die Anmeldung nachträglich um eine neue Erfindung erweitert, so ergibt sich folgende Rechtslage.

Für die nachträglich aufgenommene Erfindung ist hier ein Anspruch auf Patenterteilung mit dem Zeitpunkte begründet,

---

[77]) Vgl. S. 25.

in welchem der Nachtrag mit dem Antrage auf Patentschutz beim Patentamte einging, während für den anderen Teil schon mit der Einreichung der ursprünglichen Anmeldung der Anspruch auf Patenterteilung zur Entstehung kam. Es sind mithin für die einzelnen Teile verschiedene Prioritäten begründet. Nun würde dies freilich der Erteilung eines Patentes auf die ganze erweiterte Anmeldung nicht entgegenstehen, falls die verschiedenen Gegenstände in einem ihre Einheit begründenden Zusammenhange stehen, der ihre Vereinigung in einer Anmeldung rechtfertigt. Es würde dies nur bedingen, daß für die Prüfung auf Patentfähigkeit verschiedene Zeitpunkte maßgebend wären, wie es auch bei Anwendung des Unionsvertrages der Fall sein kann. Indessen würde hier darüber Ungewißheit bestehen, ob das Patent von dem früheren oder dem späteren Zeitpunkte an zu laufen hätte, da ein Teil der Anmeldung früher, der andere später eingegangen ist, während das Patent mit dem auf die Anmeldung folgenden Tage zu laufen beginnt. Allerdings könnte der Anmelder erklären, daß er für den nachgebrachten Teil auf eine längere Dauer des Patentschutzes verzichte. Eine solche Erklärung würde aber aus dem Rahmen des Gesetzes herausfallen, das den Beginn des Patents bestimmt festsetzt, ohne dabei Verzichte oder Beschränkungen vorzusehen.

In Ermangelung einer anderen gesetzlichen Regelung muß hiernach in Übereinstimmung mit der Praxis des Patentamts die nachträgliche Erwiterung der ursprünglichen Anmeldung in dem hier erörterten Sinne als unzulässig gelten.

Auch hier ist aber die Möglichkeit gegeben, dem Anmelder mit seiner nachträglichen Erweiterung zu seinem Rechte zu verhelfen. Denn der Anmelder braucht nichts weiter zu tun, als dasjenige, was er unzulässigerweise hinzugefügt hatte, wieder auszuscheiden und zum Gegenstande einer besonderen Anmeldung zu machen, für die ihm dann die Priorität des Einganges des Nachtrages beim Patentamte gebührt[78]). Der Vorprüfer hat den Anmelder zu einer solchen Abtrennung aufzufordern. Kommt der Anmelder der Aufforderung nicht nach,

---

[78]) GR. 1908 S. 122.

so hat die Abteilung auf Vortrag des Berichterstatters über die Notwendigkeit der Abtrennung Beschluß zu fassen. Erachtet auch die Abteilung die Abtrennung für erforderlich, so beschließt sie, gegebenenfalls nach Erlaß einer Zwischenverfügung, durch die sie dem Anmelder ihre Auffassung kundgibt und ihn nochmals zur Abtrennung auffordert, die Abweisung der ganzen Anmeldung, weil der Antrag des Anmelders, ihm auf die erweiterte Anmeldung ein einziges Patent zu erteilen, unzulässig und eine weitere Behandlung der Anmeldung auf der vom Anmelder gewünschten Grundlage nicht möglich ist. Hält hingegen die Abteilung die Erweiterung für zulässig, so hat der Vorprüfer die erweiterte Anmeldung in dieser Form weiterzubehandeln.

Nimmt der Anmelder die geforderte Abtrennung vor, so werden die getrennten Anmeldungen, eine jede für sich, von Amts wegen weiterbehandelt, und die abgetrennte Anmeldung wird alsdann mit der ihr nach dem Eingange des Nachtrages zukommenden Priorität geprüft. Selbstverständlich steht es dem Anmelder auch frei, in Verbindung mit der Abtrennung auf die ursprüngliche Anmeldung zu verzichten und nur die abgetrennte Anmeldung mit der ihr zukommenden Priorität weiterzuverfolgen.

Ist der Vorprüfer der Ansicht, daß die Erfindung in der ersten Beschreibung nicht so genau gekennzeichnet ist, daß danach ein Sachverständiger die Erfindung auszuführen vermag, und hält demnach der Vorprüfer erst den Zeitpunkt des Eingangs des Nachtrages, der die Erfindung erkennbar macht, als für die Priorität maßgebend, so hat der Anmelder an und für sich keinen Anlaß, dem zu widersprechen. Denn die Frage, welche Priorität begründet ist, bleibt eine offene und wird für sich allein nicht entschieden[79]). Die amtliche Prüfung auf Patentfähigkeit erfolgt selbstverständlich lediglich auf Grund der amtlichen Auffassung über die Priorität. Eine jede der zur Prüfung berufenen Instanzen hat dabei ihre eigene Auffassung zugrunde zu legen, und eine später mit der Prüfung befaßte Stelle ist an die Auffassung der früher befaßten Stelle in keiner

---

[79]) GR. 1908 S. 117.

Weise gebunden; sogar die prüfende Stelle selbst kann, wenn sie zu mehreren Entscheidungen berufen ist, bei der späteren Entscheidung ihre Auffassung wechseln.

Anerkenntnisse des Anmelders darüber, welches die richtige Priorität ist, haben keine rechtliche Wirkung; sie verpflichten den Anmelder nicht. Rechtsfragen sind nicht vom Anmelder, sondern vom Amte zu entscheiden. Ebensowenig wie es dem Anmelder rechtlich schadet, wenn er dem Amte erklärt, daß er persönlich die angemeldete Erfindung nicht für patentfähig halte, sondern sie nur auf fremden Rat angemeldet habe, ebensowenig schadet es ihm, wenn er erklärt, daß er selbst eine andere Priorität für die maßgebende halte, daß es aber nicht auf seine eigene Auffassung, sondern auf die Ansicht des Patentamtes ankomme[80]).

Die Frage der Priorität gewinnt erst dann Bedeutung, wenn der Vorprüfer oder die Abteilung dem Anmelder neuheitsschädliches Material oder eine ältere Anmeldung entgegenhält. Hier kann der Anmelder Anlaß haben, der Auffassung des Amtes über die Priorität zu widersprechen. Hält hier die Abteilung an ihrer dem Anmelder ungünstigen Auffassung fest und erachtet sie das Material für neuheitsschädlich, so weist sie die Anmeldung ab. Für die Abweisung hat die Feststellung der Priorität lediglich die Bedeutung eines Entscheidungsgrundes.

Wird neuheitsschädliches Material aus der kritischen Zeit nicht ermittelt, so hat der Vorprüfer oder die Abteilung keinen Anlaß, dem Anmelder ihre abweichende Auffassung über die Priorität aufzudrängen und ihn zu einer Erklärung zu nötigen, daß er sich mit dieser Priorität einverstanden erkläre. Die Verweigerung einer solchen Erklärung bildet keinen Grund, die Anmeldung abzuweisen.

Indessen ist der Anmeldetag nicht nur für die Priorität, sondern auch in anderer Beziehung von rechtlicher Bedeutung[81]). Gemäß § 7 Abs. 1 des PG. beginnt das Patent mit dem auf die Anmeldung der Erfindung folgenden Tage. Ergibt sich nun zwischen dem Amte und dem Anmelder eine Meinungs-

80) GR. 1908 S. 117 u. S. 121—122.

81) GR. 1908 S. 120ff.

verschiedenheit über den Anmeldetag nach der Richtung hin, daß das Amt einen späteren, der Anmelder einen früheren Tag als maßgebend ansieht, so hat auch hier der Anmelder gar keinen Anlaß, dem Amte zu widersprechen. Der spätere Beginn des Patents ist für den Anmelder nur vorteilhaft, weil er ihm eine längere Dauer des Patents gewährt. Der Anmelder kann sich daher mit dem späteren Anmeldetage einverstanden erklären. Dieses Einverständnis hindert ihn nicht, wenn demnächst neuheitsschädliches Material aus der Zwischenzeit ermittelt wird, auf die frühere Priorität zurückzugreifen. Die Anerkennung des Anmeldetages hat, wie bereits bemerkt wurde, für die Priorität keine rechtliche Bedeutung, und sie schließt nicht aus, daß der Anmelder sogar noch im Nichtigkeitsverfahren die alte Priorität geltend macht. Geht die Meinungsverschiedenheit hingegen dahin, daß das Amt einen früheren, der Anmelder aber einen späteren Tag für maßgebend erklärt, so droht dem Anmelder hier allerdings eine Verkürzung des Patents. Die Verweigerung der Anerkennung bildet aber auch hier keinen Abweisungsgrund. Das Patentamt hat freilich den Beginn des Patents so festzusetzen, wie es seiner eigenen Auffassung entspricht. Hält der Anmelder sich für benachteiligt, so kann er gegen den Patenterteilungsbeschluß Beschwerde erheben. Der Fall, daß ein Anmelder erklären sollte, lieber gar kein Patent als ein mit dem früheren Datum beginnendes Patent zu erhalten, wird wohl kaum praktische Bedeutung erlangen. Hier wäre allerdings die Versagung des Patents gerechtfertigt, gegen die der Anmelder dann noch Beschwerde erheben könnte.

Es ist die Aufgabe des Vorprüfers, dem Anmelder behilflich zu sein, den patentfähigen Kern der Erfindung aus der Anmeldung herauszuschälen[82]). Eine Erfindung so zu beschreiben, daß dabei ihr Wesen, d. h. dasjenige, was ihre Eigenart ausmacht und ihre Patentfähigkeit begründen soll, ganz klar zum Ausdruck kommt, ist nicht immer eine leichte Aufgabe. Hier müssen Anmelder und Vorprüfer zusammenarbeiten, um für ein etwa zu erteilendes Patent die erforderlichen Grundlagen

[82]) Bl. 1900 S. 360 Pr. d. PA.

zu schaffen. Der Vorprüfer ist der mit dem Stande der Technik innerhalb des Patentamtes vertraute Sachverständige, der den ihm unbekannten Gegenstand, den der Anmelder als Erfindung in Anspruch nimmt, aus der vorgelegten Beschreibung in sich selbst aufzunehmen und, wenn die Beschreibung nicht genügt, dafür zu sorgen hat, daß dieser Gegenstand, falls darin eine Erfindung erblickt werden kann, in eine für jeden Sachverständigen leicht verständliche Form gebracht wird. Hierzu erscheint er auch besonders berufen, denn seine Aufgabe ist es, als Kritiker das Schriftwerk eines anderen nachzuprüfen. Als bloßer Kritiker wird er für Mängel der Darstellung und bestehende Unklarheiten in der Beschreibung ein schärferes Auge haben, als der Anmelder selbst, in dessen Kopfe sich die Erfindung fertig vorfindet und der deshalb geneigt ist, die Angaben in der Beschreibung so aufzufassen, wie es dem in ihm bereits vorhandenen Bilde entspricht, und Lücken der Beschreibung außer acht zu lassen, die für ihn keine Lücken sind, weil er sie in seiner Vorstellung von der Erfindung ausfüllt. Der Vorprüfer muß daher bemüht sein, aus dem Anmelder das herauszuholen, was erforderlich ist, um ein richtiges Bild von der Erfindung zu gewinnen. Er muß eine leichte Auffassung besitzen und fähig sein, ein vorschnell gefaßtes Bild wieder fallen zu lassen; er darf insbesondere nicht der Gefahr erliegen, gestützt auf seine amtliche Funktion und im Gefühl seiner überlegenen Sachkunde dem Anmelder etwas als Erfindung aufzudrängen, was dieser als seine Erfindung nicht betrachtet. Der Anmelder muß selbst am besten wissen, welche Erfindung er gemacht hat, und wenn er nicht der Erfinder ist, so wird er wenigstens darüber klar sein, was er von seinem Standpunkte aus als die Erfindung ansieht. Ist einerseits der Anmelder bestrebt, dem Vorprüfer ein richtiges Bild von der Erfindung zu geben, und andererseits der Vorprüfer bemüht, dieses Bild richtig in sich aufzunehmen, so wird die Vorprüfung ihrer Aufgabe am besten dienen.

Eine weitere Schwierigkeit ergibt sich oft daraus, daß dem Anmelder der Stand der Technik nicht genügend bekannt ist. Hier kann der Anmelder nicht beanspruchen, daß seine Unkenntnis ihm zum Vorteil gereicht. Der Vorprüfer ist daher im

Recht, wenn er verlangt, daß die Erfindung dem Stande der Technik entsprechend beschrieben wird. Dabei ergeben sich nun sehr leicht Meinungsverschiedenheiten zwischen dem Anmelder und dem Vorprüfer, bei denen zunächst schwer zu sagen ist, welcher von beiden Teilen im Rechte ist. Hat sich der Vorprüfer von dem Gegenstande der Anmeldung noch kein richtiges Bild gemacht, so besteht die Gefahr, daß er die Gegenerklärungen in falschem Lichte sieht und ein Verhalten des Anmelders als unangebrachte Hartnäckigkeit auffaßt, das in Wirklichkeit nur eine vernünftige Rechtsverfolgung ist. Der Anmelder hingegen wird durch eigensinniges Festhalten an dem Bestreben, mehr geschützt zu erhalten, als der Stand der Technik gestattet, nur sich selbst schaden.

Besitzt der Anmelder einen sachkundigen Vertreter, so wird dieser für eine sachverständige Beschreibung der Erfindung sorgen und sich auch mit dem Vorprüfer leichter verständigen. Hier liegt aber die Möglichkeit vor, daß bereits der Vertreter aus der vielleicht ungeschickten Darstellung des Anmelders ein unrichtiges Bild von der Erfindung gewonnen hat. Je größer die Zahl der Zwischenpersonen ist, die sich zwischen Erfinder und Patentamt einschiebt, um so mehr erhöht sich die Gefahr, daß das Wesen der Erfindung, so wie es der Erfinder selbst sich vorgestellt hat, nicht richtig zum Ausdruck kommt. Es ist deshalb von einer nicht zu unterschätzenden Bedeutung und bildet keine Geringschätzung des Vertreters, wenn bei mündlichen Verhandlungen vor dem Vorprüfer auch der Erfinder selbst neben dem Vertreter das Wort erhält, um über seine Erfindung Auskunft zu geben. Nicht ganz selten ergibt sich sogar erst in einer mündlichen Verhandlung vor der Beschwerdeabteilung aus den Erklärungen, die der Anmelder persönlich auf Entgegenhaltungen abgibt, welches die besonderen Merkmale seiner Erfindung sind, und dabei zeigt sich dann meistens, daß das entgegengehaltene Material gar nicht den Kern der Erfindung trifft.

Es ist hiernach eine schwere und verantwortungsvolle Aufgabe, die der Gesetzgeber in die Hand des Vorprüfers gelegt hat. Mit gutem Grunde ist deshalb für die Fassung der Unterlagen einer Anmeldung bis zum Beschlusse über die Bekanntmachung in § 20 Abs. 3 des PG. volle Bewegungsfreiheit gewährt[83]). Es genügt für die Anmeldung im Rechtssinne, daß aus der (schriftlichen) Beschreibung das Wesen der Erfindung erkennbar ist und daß diese Beschreibung dem Patentamte mit dem Antrage eingereicht wird, für den Gegenstand der Beschreibung Patentschutz zu erteilen[84]). Es ist dann die Aufgabe der Vorprüfung, einwandsfreie, sorgfältig durchgearbeitete, den beanspruchten Gegenstand genau kennzeichnende Unterlagen für die Patenterteilung vom Anmelder zu beschaffen. Ist der hiernach beanspruchte Gegenstand bereits in den ursprünglichen Unterlagen in seinen wesentlichen Merkmalen enthalten, so ist die ursprüngliche Priorität begründet und die Änderung der Form schadet nicht.

Zeigt sich im Laufe des Verfahrens auf Grund der Recherche des Vorprüfers, daß der Stand der Technik ein anderer ist, als der Anmelder bei Abfassung der Unterlagen seiner Anmeldung vorausgesetzt hatte, so bedürfen Beschreibung und Anspruch meistens einer Abänderung, damit die noch für patentfähig erachtete Erfindung im Vergleiche mit dem bisherigen Stande der Technik in der Beschreibung richtig zum Ausdruck kommt und im Anspruche zutreffend gekennzeichnet wird. Dabei kann sich auch ergeben, daß einzelne Ansprüche ganz in Wegfall kommen müssen.

Nimmt der Anmelder nach dieser Richtung hin Einschränkungen vor, so handelt es sich dabei nicht um Verzichte im Rechtssinne[85]). Verzichte auszusprechen hat der Anmelder gar keinen Anlaß. Es liegt ihm nur ob, die Erfindung so, wie er sie nach dem Stande der Technik oder älteren Ansprüchen anderer Anmelder gegenüber geschützt verlangen kann, genau zu kennzeichnen, und aus dieser Aufgabe folgt ganz von selbst, daß Einschränkungen und Streichungen von Ansprüchen nur die Bedeutung einer Richtigstellung, nicht aber eines Verzichts haben. Immerhin ist es nicht ausgeschlossen, daß der Anmelder

[83]) Vgl. auch GR. 1910 S. 92.

[84]) Vgl. Bl. 1901 S. 38, S. 40 u. S. 114 PA., Bl. 1907 S. 3 RG.

[85]) Vgl. indessen Bl. 1912 S. 135 u. S. 259 RG. und Beitrag III S. 27.

auch Erklärungen abgibt, die ihrer Wirkung nach einem Verzichte gleichkommen, z. B. wenn der Anmelder den Gegenstand seines Anspruchs zu eng[86]) gefaßt hat (Fahrradlaterne statt Laterne) und die enge Fassung dem ihn beratenden Vorprüfer gegenüber ausdrücklich aufrechterhält.

Eine Streichung einzelner Ansprüche kann auch deshalb verlangt werden, weil sie nur eine unnütze Wiederholung anderer Ansprüche mit unerheblichen Abänderungen oder Zutaten enthalten, so daß ihr Gegenstand mit diesen patentrechtlich äquivalent ist.

Der Anmelder kann ihm entgegengehaltene Literaturstellen in der Auslegehalle der Bibliothek des Patentamts einsehen. Deutsche Patentschriften liegen ferner an den zahlreichen innerhalb des Deutschen Reichs eingerichteten Patentschriftenauslegestellen zur Einsicht offen (vgl. oben S. 10). Das Patentamt erteilt auf Antrag und gegen Erstattung der Kosten unter Umständen auch eine Abschrift der entgegengehaltenen Literaturstelle, wenn der Anmelder sich diese sonst nur mit großen Schwierigkeiten beschaffen kann.

Hält der Vorprüfer den Gegenstand der Anmeldung nicht im beanspruchten Umfange oder überhaupt nicht für patentfähig, so muß er dem Anmelder durch Vorbescheid[87]) unter Angabe der Gründe davon Mitteilung machen. Denn nach § 22 des PG. darf das Mitglied, welches den Vorbescheid erlassen hat, an der Beschlußfassung der Abteilung nicht teilnehmen. Eine gewöhnliche Verfügung würde kein rechtliches Hindernis für eine solche Mitwirkung bilden. Da nun aber der Grund, weshalb ein Vorprüfer, der einen Vorbescheid erlassen hat, an der Beschlußfassung nicht teilnehmen darf, eben darin liegt, daß er einen dem Anmelder ungünstigen Standpunkt eingenommen hat, so ergibt sich aus dem Grundgedanken dieser Vorschrift die Notwendigkeit, daß ein solcher Vorprüfer einen Vorbescheid erlassen muß, damit auf diese Weise sein Ausschluß von der Beschlußfassung dem Gesetze gemäß zur Wirkung kommt.

Das Gesetz will verhindern, daß ein auf Grund der Ver-

[86]) Vgl. Beitrag IV S. 12.

[87]) Vgl. oben S. 44.

handlung mit dem Anmelder vielleicht voreingenommener Vorprüfer durch seine Stimme dazu beiträgt, die Anmeldung zu Falle zu bringen. Dabei ist allerdings nicht berücksichtigt worden, daß der Vorprüfer durch die Erwiderung des Anmelders auf den Vorbescheid oder durch eine mündliche Verhandlung mit dem Anmelder oder durch eine Vorführung des angemeldeten Gegenstandes dazu gebracht sein kann, seinen ablehnenden Standpunkt aufzugeben. In vielen Fällen wird eine solche Änderung in der Auffassung auch durch spätere Verfügungen des Vorprüfers aktenkundig, aber nicht immer und namentlich dann nicht, wenn er die Vorprüfung abschließt, weil nichts weiter von ihm zu veranlassen und die Anmeldung zur Bekanntmachung reif ist. Auch in diesen Fällen ist der Vorprüfer von der Mitwirkung an der Beschlußfassung ausgeschlossen. Denn es ist selbstverständlich nicht der Sinn des Gesetzes, daß der Vorprüfer, welcher einen Vorbescheid erlassen hat, nur nicht gegen, wohl aber für den Anmelder stimmen darf. Eine Beteiligung an der Abstimmung setzt Freiheit der Stimme voraus.

Die Praxis des Patentamts beschränkt sich indessen darauf, den Vorprüfer, der einen Vorbescheid erlassen hat, von der Abstimmung auszuschließen und sieht in der gesetzlichen Bestimmung kein Hindernis, den Vorprüfer zur Beratung zuzuziehen. Eine Zuziehung des Vorprüfers zur Beratung entspricht durchaus dem Interesse des Anmelders. Der Vorprüfer ist gerade auf dem Gebiete, welchem die Anmeldung angehört, besonders sachverständig, und seine Zuziehung bietet deshalb die beste Gewähr dafür, daß die Anmeldung eine sachgemäße Erledigung findet. Es ist Sache des Vorsitzenden, durch Befragung des Vorprüfers, wo es notwendig ist, für eine sachgemäße Erledigung zu sorgen und dabei zu verhindern, daß die Auskunft des Vorprüfers die Form eines dem Anmelder nachteiligen Votums annimmt. In besonderem Maße ist aber die Zuziehung des Vorprüfers im Interesse des Anmelders geboten, wenn der Vorprüfer seinen anfangs ablehnenden Standpunkt, der durch Vorbescheid zum Ausdruck gebracht war, später geändert hat. Es kommt nicht selten vor und ist in der Natur der Sache begründet, daß der Berichterstatter auf Grund der vorliegenden Schriftsätze zu dem gleichen Ergebnisse kommt, zu welchem früher auch der Vorprüfer gelangt war, und daß das dem Anmelder nachteilige Votum des Berichterstatters auch die Zustimmung der Abteilung findet. Hier ist es dann die Aufgabe des Vorprüfers, durch seinen Bericht über die Ergebnisse der Vorführung oder der mündlichen Verhandlung die bestehenden Bedenken zu zerstreuen und die Bedeutung der Erfindung klarzustellen, und zwar in der Regel mit dem Erfolge, daß die Abteilung einmütig die Bekanntmachung der Anmeldung beschließt.

Diese Praxis bildet offenbar die glücklichste Lösung der schwierigen Frage. Sie schaltet einen dem Anmelder ungünstig gesinnten Vorprüfer aus, macht aber gleichwohl seine Sachkunde, soweit es erforderlich ist, nutzbar. Sie gewährt hingegen einem dem Anmelder günstig gesinnten Vorprüfer die Möglichkeit, die Interessen des Anmelders zu vertreten, ohne daß es dabei erfahrungsgemäß etwas ausmacht, daß der Vorprüfer bei der Abstimmung sich seiner Stimme zu enthalten hat.

Tritt in der Person des Anmelders eine Änderung ein, so muß diese nach den Grundsätzen, welche von der Umschreibung in der Patentrolle gelten, in beweisender Form nachgewiesen werden, wenn die Anmeldung für den Nachfolger weiterbehandelt werden soll[88]).

8. Das Verfahren vor der Anmeldeabteilung bis zur Bekanntmachung.

Ist die Vorprüfung beendet, ohne daß die Anmeldung zurückgenommen ist, so wird die Abteilung mit der Sache befaßt. Die Abgabe der Anmeldung an die Abteilung schließt nicht aus, daß die Abteilung die Sache, wenn diese sich als zur Entscheidung noch nicht reif erweist, an den Vorprüfer zurückgibt. Verbleibt die Sache bei der Abteilung, so erfolgt

[88]) Vgl. unten S. 114ff.

die weitere Behandlung unter besonderer Leitung des Abteilungsvorsitzenden. Den Vortrag in der Sitzung hält der zuständige Berichterstatter, welcher auch die Beschlüsse entwirft.

Für das Verfahren vor der Abteilung gelten im Wesentlichen die gleichen Grundsätze wie für das Verfahren vor dem Vorprüfer.

Die Abteilung ist an die Auffassung des Vorprüfers in keiner Weise gebunden; sie kann die vom Vorprüfer für einwandsfrei erachtete Anmeldung als mangelhaft beanstanden, insbesondere den Einwand der mangelnden Einheit erheben oder eine andere Formulierung der Patentansprüche verlangen. Die Abteilung kann auch in bezug auf die Patentfähigkeit einen andern Standpunkt einnehmen als der Vorprüfer und dabei nicht nur das vom Vorprüfer bereits herangezogene Material, sondern auch neues Material berücksichtigen. Soll die Zurückweisung der Anmeldung auf Grund von Umständen erfolgen, welche dem Anmelder noch nicht mitgeteilt waren, so ist dem Anmelder durch Zwischenverfügung vorher Gelegenheit zu geben, sich über diese Umstände binnen einer bestimmten Frist zu äußern. Ein Vorbescheid findet im Verfahren vor der Abteilung nicht statt.

Im Verfahren vor der Abteilung kann jederzeit die Ladung und Anhörung der Beteiligten, die Vernehmung von Zeugen und Sachverständigen, sowie die Vornahme sonstiger zur Aufklärung der Sache erforderlicher Ermittlungen angeordnet werden. Mündliche Verhandlungen vor der Abteilung sind selten. Bedarf es noch einer mündlichen Aufklärung oder einer Vorführung, so findet die Verhandlung oder Vorführung vor dem Berichterstatter, gegebenenfalls unter Zuziehung des Vorprüfers, statt. Dies Mittel genügt regelmäßig, um die noch erforderliche Aufklärung zu erbringen. Einer Verhandlung vor der ganzen Abteilung bedarf es nur ausnahmsweise. Für den erforderlichen Nachweis in bezug auf den Eintritt eines Erfolges gelten die gleichen Grundsätze wie im Vorprüfungsverfahren.

Beansprucht der Anmelder Patentschutz über den Umfang dessen, was die Abteilung für gewährbar erachtet, hinaus, so ist die völlige Abweisung der Anmeldung geboten[89]). Denn mit dem vom Anmelder aufgestellten Patentanspruche kann die Abteilung die Anmeldung nicht bekannt machen, weil sie damit die Allgemeinheit über den Umfang dessen, was sie für gewährbar erachtet, irreführen und dem Anmelder überdies einen einstweiligen Schutz verschaffen würde, den sie in solchem Umfange nicht für gerechtfertigt hält. In dem beschränkten Umfange aber kann die Bekanntmachung der Anmeldung nicht erfolgen, weil dies nur zu einer beschränkten Patenterteilung führen könnte, während der Anmelder auf Erteilung eines Patents in weiterem Umfange besteht. Ein Ausweg kann sich dem Anmelder dadurch bieten, daß er die Anmeldung teilt. Die Teilung setzt indessen voraus, daß die Anmeldung teilbar ist und daß die Abteilung die Teilung zuläßt[90]). Dieser Ausweg hat für den Anmelder auch den Nachteil, daß er dann im günstigsten Falle zwei Patente erhält, die ihn mit doppelten Gebühren belasten. Erscheint hiernach der angegebene Ausweg nicht gangbar und besteht der Anmelder auf seinem Antrage, so bleibt nur die Abweisung der ganzen Anmeldung übrig, damit der Anmelder Gelegenheit erhält, im Wege der Beschwerde seinen Standpunkt zur Geltung zu bringen[91]). Im Verfahren vor der Beschwerdeabteilung wird der Anmelder, wenn er die endgültige Abweisung der ganzen Anmeldung vermeiden will, sich wenigstens eventuell bereit erklären müssen, die geforderte Beschränkung vorzunehmen.

Erachtet die Abteilung die Anmeldung für gehörig erfolgt und die Erteilung eines Patents nicht für ausgeschlossen, so beschließt sie die Bekanntmachung der Anmeldung (§ 23 des PG.).

Dem Beschlusse der Bekanntmachung hat dessen Ausführung zu folgen[92]). Indessen kann die Bekanntmachung auf Antrag des Patentsuchers auf die Dauer von höchstens sechs

---

[89]) Kohlers Festschrift S. 196 ff. und M. u. W. XI S. 449 PA.

[90]) Vgl. oben S. 53 ff.

[91]) Bl. 1903 S. 99 PA.

[92]) Bl. 1901 S. 275 PA.

Monaten, vom Tage des Beschlusses über die Bekanntmachung an gerechnet, ausgesetzt werden. Bis zur Dauer von drei Monaten darf die Aussetzung nicht versagt werden. An einer solchen Aussetzung kann der Patentsucher namentlich wegen eines beabsichtigten Auslandsschutzes, für den die erfolgte Bekanntmachung hinderlich sein würde, ein Interesse haben. Über die Dauer von sechs Monaten hinaus darf die Bekanntmachung nicht ausgesetzt werden. Besteht der Anmelder auf einer Aussetzung, welche die Abteilung nicht gewähren will, so ist er mit seiner Anmeldung abzuweisen, da die Bekanntmachung nicht gegen seinen Willen erfolgen kann. Gegen die Zurückweisung steht dem Anmelder dann noch die gebührenpflichtige und befristete Beschwerde zu. Besteht der Anmelder auch hier auf der Aussetzung, und erachtet auch die Beschwerdeabteilung die weitere Aussetzung für unzulässig, so wird der Anmelder mit seiner Anmeldung endgültig zurückgewiesen.

Nach dem Beschlusse über die Bekanntmachung sind Abänderungen der in der Anmeldung enthaltenen Angaben nicht mehr zulässig[93]).

Ergibt sich nach dem Beschlusse über die Bekanntmachung Material, nach welchem die Erteilung eines Patents in dem beschlossenen Umfange oder überhaupt ausgeschlossen ist, so ist die beschlossene Bekanntmachung nicht zur Ausführung zu bringen, sondern das Verfahren unter Berücksichtigung des nachträglich ermittelten Materials fortzusetzen[94]). Die Bekanntmachung in der beschlossenen Form würde hier nur dazu dienen, die Allgemeinheit, welche annehmen müßte, daß die Patenterteilung in Aussicht stehe, irrezuführen, und sie würde dem Anmelder einen einstweiligen Schutz gewähren, den dieser überhaupt nicht oder doch nicht in solchem Umfange zu beanspruchen hat.

Handelt es sich um ein im Namen der Reichsverwaltung für die Zwecke des Heeres oder der Flotte nachgesuchtes Patent, so erfolgt auf Antrag die Patenterteilung ohne jede

---

[93]) Vgl. darüber GR. 1910 S. 95ff.

[94]) Ind. 1908 S. 54 PA., Bl. 1913 S. 324 PA. Anders die frühere Praxis (vgl. Bl. 1903 S. 161 PA.).

Bekanntmachung. In diesem Falle unterbleibt auch die Eintragung in die Patentrolle. Geheimpatente werden auch dann geheimgehalten, wenn sie als Abweismaterial gegenüber späteren Anmeldungen dienen. Hier wird dem Anmelder aus den Unterlagen des Geheimpatents nur das mitgeteilt, was seiner Anmeldung entgegensteht. Auf Vorlage oder Abschrift der Unterlagen hat der Anmelder keinen Anspruch[95]).

9. Die Bekanntmachung der Anmeldung und das Verfahren nach der Bekanntmachung.

Die Ausführung der Bekanntmachung erfolgt in der Weise, daß der Name des Patentsuchers und der wesentliche Inhalt des in seiner Anmeldung enthaltenen Antrags durch den Reichs-Anzeiger einmal veröffentlicht wird. Mit der Veröffentlichung ist die Anzeige zu verbinden, daß der Gegenstand der Anmeldung einstweilen gegen unbefugte Benutzung geschützt sei. Gleichzeitig ist die Anmeldung mit sämtlichen Beilagen bei dem Patentamte zur Einsicht für jedermann auszulegen (§ 23 des PG.).

Die Veröffentlichung erfolgt außer im Reichs-Anzeiger auch im Patentblatt[96]); jedoch ist diese Veröffentlichung nicht in dem Sinne wesentlich, daß ihre Unterlassung die Bekanntmachung ungültig macht.

Die Vorschrift, daß der wesentliche Inhalt des in der Anmeldung enthaltenen Antrages zu veröffentlichen ist, hat nicht die Bedeutung, daß damit die Erfindung selbst ihrem Wesen nach gekennzeichnet werden soll. Dies wäre bei der großen Zahl der im Reichs-Anzeiger veröffentlichten Anmeldungen und dem Umfange der Patentansprüche, die in vielen Fällen ohne die beigefügten Zeichnungen auch kaum verständlich sind, praktisch so gut wie unmöglich und mit Rücksicht auf die gleichzeitig erfolgende Auslegung überdies überflüssig. Die Ver-

---

[95]) Bl. 1909 S. 257 PA.

[96]) Vgl. S. 9.

öffentlichung verfolgt vielmehr nur den Zweck, die Allgemeinheit darauf hinzuweisen, welche Anmeldungen im Patentamte zur Auslegung gekommen sind. In dieser Beziehung genügt die Veröffentlichung des Titels in Verbindung mit dem Namen des Patentsuchers. Es bleibt dann den Interessenten überlassen, sich über die Erfindung und ihre Merkmale, sowie über den Zeitpunkt des Eingangs der Anmeldung durch Einsicht der ausgelegten Schriftstücke im Patentamte zu informieren.

Die Auslegung geschieht in der Auslegehalle des Patentamts. Auf Antrag wird Abschrift der Auslegestücke gegen Einzahlung der Kosten erteilt, so daß den außerhalb wohnenden Interessenten die Möglichkeit geboten ist, sich ohne erhebliche Kosten von der ausgelegten Anmeldung Kenntnis zu verschaffen.

Die Bekanntmachung der Anmeldung hat den Zweck, die Allgemeinheit an der Prüfung zu beteiligen. Diese Mitprüfung durch die Allgemeinheit hat erst einzusetzen, wenn die voraufgegangene amtliche Prüfung kein Hindernis für die Patenterteilung ergeben hat. Denn eine Anmeldung, auf welche schon nach dem Ergebnisse der amtlichen Prüfung kein Patent erteilt werden kann, braucht nicht auch noch von der Allgemeinheit geprüft zu werden. Hierdurch würde der Gegenstand der Anmeldung, an deren Geheimhaltung der Erfinder ein Interesse haben kann, der Öffentlichkeit preisgegeben, ohne daß dabei für den Anmelder irgend ein Erfolg in Aussicht stünde. Der Anmelder, der nur zum Zwecke der Patenterteilung seine Erfindung dem Patentamte kundgegeben hat, würde also ungerechtfertigt benachteiligt.

Die Prüfung der Anmeldung durch die Allgemeinheit schließt die weitere amtliche Prüfung nicht aus. Das Patentamt soll ein gültiges Patent erteilen und hat deshalb auch solche patenthindernden Tatsachen, die ihm ohne Mitwirkung der Allgemeinheit nachträglich bekannt werden, von Amts wegen zu berücksichtigen.

Die Bekanntmachung dient nur dazu, die Allgemeinheit an der Prüfung zu beteiligen; sie hat nicht den Zweck, die Erfindung zum Gemeingut zu machen[97]). Auch im Hinblick

[97]) Vgl. Beitrag I S. 49.

hierauf erscheint es gerechtfertigt, daß die Anmeldung, wie bereits erwähnt wurde, bei der Veröffentlichung im Reichs-Anzeiger nur insoweit gekennzeichnet wird, als es erforderlich ist, um die Interessenten auf die Anmeldung hinzuweisen. Die Erfindung selbst ist nicht aus der Veröffentlichung im Reichs-Anzeiger, sondern nur aus den Unterlagen, die in der Auslegehalle des Patentamts zur Einsicht für jedermann ausliegen, oder den erteilten Abschriften zu ersehen. Die Beschreibung der Erfindung ist auch gegen unbefugten Nachdruck geschützt[98]).

Die Auslegung der Anmeldung, obwohl sie öffentlich erfolgt, ist keine druckschriftliche Veröffentlichung der Erfindung im Sinne des § 2 Abs. 1 des PG. Sie bildet also kein Hindernis für eine neue Anmeldung.

Die Bekanntmachung der Anmeldung gewährt jedermann die Möglichkeit, sich von der Erfindung Kenntnis zu verschaffen. Da aber die Bekanntmachung nur den Zweck verfolgt, die Allgemeinheit an der Prüfung zu beteiligen, nicht aber die Erfindung zum Gemeingut zu machen, so gibt die Bekanntmachung niemandem das Recht, die Erfindung gewerbsmäßig in Benutzung zu nehmen. Um unbefugte Benutzungen zu verhindern, ist daher mit der Bekanntmachung der Erfindung nach dem Gesetze ein einstweiliger Patentschutz verbunden (§ 23 Abs. 1 des PG.).

Mit der Bekanntmachung wird auch der Tag der Anmeldung veröffentlicht, da dieser Tag für die Prüfung, ob der Gegenstand patentfähig ist und ob dem Patentsucher ein Anspruch auf Patenterteilung zusteht, der kritische Zeitpunkt ist. Da indessen die Frage, welcher Tag als Anmeldetag zu gelten hat, unter Umständen zweifelhaft sein kann und die bei der Bekanntmachung geäußerte Auffassung des Patentamts diesen Tag nicht bindend festzulegen vermag, so hat es für die Gültigkeit der Bekanntmachung keine Bedeutung, wenn die Auffassung des Patentamts sich nachträglich als eine unrichtige erweist, so daß ein falscher Anmeldetag angegeben ist. Es ist vielmehr Sache der Interessenten, durch Einsicht der Unter-

---

[98]) B. 1894/95 S. 198 RG. und dazu Dambach „Nachdruck von Patentbeschreibungen“, ebendas. S. 268, ferner M. u. W. XII S. 575 KG.

lagen der Anmeldung den Anmeldetag nachzuprüfen und mit Rücksicht auf vorhandenes Abweismaterial dem Patentamte gegenüber eine abweichende Auffassung zu vertreten[99]).

Innerhalb einer Frist von zwei Monaten nach der Veröffentlichung im Reichs-Anzeiger ist die erste Jahresgebühr einzuzahlen, welche 30 M. beträgt. Erfolgt die Einzahlung nicht innerhalb der angegebenen Frist, so gilt die Anmeldung als zurückgenommen. Dabei handelt es sich nicht bloß um eine Vermutung der Zurücknahme, deren Widerlegung zulässig wäre, sondern die Anmeldung gilt kraft Gesetzes als zurückgenommen, ohne daß irgend ein Rechtsmittel gegeben ist, um diese Folge auszuschließen[100]). Eine Wiedereinsetzung in den vorigen Stand ist nicht statthaft. Auch für eine etwa eingereichte neue Anmeldung kann die Priorität der zurückgenommenen Anmeldung nicht beansprucht werden[101]). Wird die Gebühr bei einem Postamte im Gebiete des Deutschen Reiches zur Überweisung an die Kasse des Patentamts eingezahlt, so gilt als Zahlungstag der Tag der Aufgabe der Postanweisung (§ 9 des PG.). Die Einzahlung bei einer Postanstalt im Auslande genügt selbst dann nicht, wenn die Anweisung des inländischen Postamts noch innerhalb der Frist erfolgt ist[102]). Die Gebühr kann auf Antrag gestundet werden[103]).

Eine Anmeldung, die wegen Nichtzahlung der ersten Jahresgebühr als zurückgenommen gilt, kann erneuert werden, ohne daß ihr die erfolgte Bekanntmachung patenthindernd entgegensteht; denn die Bekanntmachung enthält, wie bereits bemerkt wurde, keine druckschriftliche Veröffentlichung der Erfindung. Indessen kommt der neuen Anmeldung nur die Priorität ihres Eingangs beim Patentamte zu. Eine in der Zwischenzeit erfolgte druckschriftliche Veröffentlichung oder offenkundige Benutzung der Erfindung ist folglich neuheitsschädlich, selbst wenn die druckschriftliche Veröffentlichung eine unbefugte und die

---

99) Vgl. GR. 1908 S. 118f.
100) Bl. 1909 S. 181 PA.
101) M. u. W. IX S. 260 PA.
102) Bl. 1909 S. 32 PA.
103) Vgl. hierüber unten S. 107.

Benutzung eine rechtswidrige war. Aus demselben Grunde steht einer in der Zwischenzeit auf den gleichen Gegenstand eingereichten Anmeldung der Vorrang zu. Ist indessen die Kenntnis dieses Anmelders aus den ausgelegten Unterlagen entnommen, so kann wegen Entnahme der Erfindung Einspruch erhoben und dadurch die zeitlich ältere Anmeldung zu Falle gebracht werden. Hier kann dann gemäß § 3 Abs. 2 des PG. der Tag vor Bekanntmachung dieser Anmeldung als Anmeldetag in Anspruch genommen werden.

Gilt die Anmeldung wegen Nichtzahlung der ersten Jahresgebühr als zurückgenommen, so erfolgt darüber eine Bekanntmachung im Reichs-Anzeiger und im Patentblatt. Mit der Zurücknahme gelten die Wirkungen des einstweiligen Schutzes als nicht eingetreten. Die zu spät gezahlte Jahresgebühr wird zurückgezahlt.

Ergibt sich, daß der Patentsucher die Anmeldung nicht hat zurücknehmen wollen und die erste Jahresgebühr nur versehentlich nicht oder zu spät eingezahlt hat, so pflegt das Patentamt, wenn der Patentsucher sofort eine vorschriftsmäßige Neuanmeldung einreicht, deren Bekanntmachung ohne weiteres erfolgen kann, beide Bekanntmachungen, um einer irrtümlichen Auffassung zum Nachteil des Anmelders zu begegnen, gleichzeitig vorzunehmen und der Bekanntmachung der Zurücknahme die Bemerkung hinzuzufügen, daß der Gegenstand von neuem angemeldet sei.

Für die Beteiligung der Allgemeinheit an der Prüfung, welche den Zweck der Bekanntmachung bildet, kommen verschiedene Gründe in Betracht.

Der erste Grund liegt darin, daß eine Mitwirkung der Allgemeinheit für eine erschöpfende Prüfung durchaus erforderlich ist, weil die amtliche Prüfung hierfür nicht genügt. Eine Ergänzung der amtlichen Prüfung ist namentlich nach der Richtung geboten, ob vor der Anmeldung eine offenkundige Benutzung der Erfindung im Inlande stattgefunden hat. Von einer solchen Benutzung wird das Patentamt, da die ganz allgemein bereits benutzten Erfindungen nicht angemeldet zu werden pflegen, nur in Ausnahmefällen Kenntnis haben. Das Patentamt ist also hier auf die Unterstützung der beteiligten Kreise besonders angewiesen. Aber auch die Prüfung auf druckschriftliche Veröffentlichung kann einer Ergänzung bedürfen; denn so reichhaltig und wohlgeordnet das dem Patentamte zur Verfügung stehende Druckschriftenmaterial auch ist, so kann dieses Material doch naturgemäß kein ganz erschöpfendes sein, und außerdem ist auch das Übersehen einer vorhandenen druckschriftlichen Veröffentlichung nicht ausgeschlossen. Dasselbe gilt von der Berücksichtigung bereits erteilter älterer Patente, die gemäß § 3 Abs. 1 patenthindernd entgegenstehen.

Ein zweiter Grund für die Beteiligung der Allgemeinheit ergibt sich aus der Erwägung, daß der Antrag des Patentsuchers darauf gerichtet ist, ihm das ausschließliche Recht auf die gewerbsmäßige Benutzung des angemeldeten Gegenstandes zu gewähren, also alle andern von der gewerbsmäßigen Benutzung auszuschließen. Ein solcher Antrag macht es notwendig, daß der Allgemeinheit vor Erteilung des Patents Gelegenheit gegeben wird, zu der drohenden Beschränkung Stellung zu nehmen. Die Zuziehung der Allgemeinheit liegt daher nicht nur im Interesse einer erschöpfenden Prüfung, sondern sie ist zugleich ein Erfordernis der Gerechtigkeit. Die Allgemeinheit kann verlangen, daß dasjenige, was bereits Gemeingut geworden ist, ihr nicht wieder entzogen wird, und daß eine bereits unter Patentschutz gestellte Erfindung nicht nochmals zum Gegenstande eines Patents gemacht wird, sondern mit dem Erlöschen des erteilten Patents Gemeingut wird. Aus diesem Gesichtspunkte folgt ferner, daß die Allgemeinheit auf die Beibringung von neuem Material nicht beschränkt ist, sondern daß sie auch darüber zu Worte kommen muß, ob der Gegenstand der Anmeldung seiner Eigenart nach mit Rücksicht auf den Stand der Technik zur Zeit der Anmeldung überhaupt patentfähig ist, ob also mit ihm der Allgemeinheit irgend etwas zugeführt wird, das die Erteilung eines Patents als Gegenleistung rechtfertigt. Wer sich aus der Allgemeinheit berufen fühlt, einen vom Anmelder abweichenden Standpunkt zu vertreten, muß, wenn er die vorgeschriebenen Formen beobachtet, mit seinen Ausführungen gehört werden, und das Rechtsmittel der Beschwerde eröffnet ihm den Weg, seinen von der Anmeldeabteilung verworfenen Standpunkt in zweiter Instanz zur Geltung zu bringen.

Der dritte Grund für die Bekanntmachung der Anmeldung liegt darin, daß alle diejenigen, welche durch die Anmeldung des Patentsuchers in ihrem Erfinderrechte verletzt zu sein glauben, Gelegenheit erhalten müssen, ihre Rechte geltend zu machen. Nach dieser Richtung hin hat die Bekanntmachung die Bedeutung eines Aufgebots, gemäß welchem alle durch die in Aussicht stehende Patenterteilung in ihrem Rechte Verletzten innerhalb der gesetzlichen Frist beim Patentamte ihren Einspruch gegen die Patenterteilung anbringen müssen, falls eine Berücksichtigung ihrer Rechte im Patenterteilungsverfahren stattfinden soll.

Hiernach ergibt sich eine Beteiligung der Allgemeinheit an der Prüfung nach der Richtung, ob der Gegenstand der Anmeldung gemäß §§ 1 u. 2 patentfähig ist und ob dem Patentsucher gemäß § 3 ein Anspruch auf das Patent zusteht, wobei im Falle des § 3 Abs. 2 nur der Verletzte ein Recht auf Beteiligung hat. Diese Beteiligung an der Prüfung hat durch Einspruch zu erfolgen.

In anderer Richtung findet eine Beteiligung an der Prüfung nicht statt. Insbesondere ist die Allgemeinheit nicht zur Prüfung berufen, ob der Patentsucher die Formvorschriften beobachtet hat, ob die Anmeldegbühr bezahlt ist, ob die Anmeldung nur eine einzige Erfindung enthält, ob bei einer Zusatzanmeldung ein richtiges Zusatzverhältnis besteht usw. Hier liegt für eine Beteiligung weder ein amtliches Bedürfnis vor, noch besteht für die Allgemeinheit ein wesentliches Interesse an der Beteiligung.

Auch eine ältere Anmeldung, die noch nicht zur Patenterteilung geführt hat, vermag einen Einspruch nicht zu begründen, mag nun die ältere Anmeldung bereits bekanntgemacht sein oder nicht. Denn die Voraussetzung, unter welcher nach dem Wortlaut des § 3 Abs. 1 Einspruch erhoben werden kann, nämlich, daß die Erfindung G e g e n s t a n d d e s P a t e n t s eines früheren Anmelders ist, liegt hier nicht vor. Auch der vermeintlich ältere Anmelder selbst ist zum Einspruche hier nicht berechtigt. Denn er hat gemäß § 3 Abs. 1 und § 24 Abs. 2 kein weiteres Einspruchsrecht als die Allgemeinheit. Dies schließt selbstverständlich nicht aus, daß der ältere Anmelder oder auch ein Dritter, der von der vielleicht noch gar nicht bekanntgemachten Anmeldung zufällig Kenntnis erhalten hat, das Patentamt auf die ältere Anmeldung hinweist. Das Patentamt hat aber lediglich von Amts wegen zu prüfen, ob mit Rücksicht auf eine ältere Anmeldung die Aussetzung des Verfahrens geboten ist. Gegen die Ablehnung der Aussetzung, weil der Gegenstand beider Anmeldungen verschieden oder die entgegengehaltene Anmeldung jünger sei, steht dem als Einsprecher Auftretenden ebensowenig die Beschwerde zu, wie der Patentsucher seinerseits Beschwerde darüber führen kann, daß die Anmeldeabteilung wegen Übereinstimmung des Gegenstandes das Verfahren aussetzt. Zuzugeben ist, daß hier ein Interesse besteht, den auf die ältere Anmeldung gestützten Einspruch für zulässig zu erachten, weil dieser Einsprecher dann gegen den Patenterteilungsbeschluß erster Instanz gemäß § 26 des PG. Beschwerde erheben und dadurch, wenn die Beschwerdeabteilung ihm beitritt, die Aussetzung des Verfahrens herbeiführen könnte, durch die vielleicht eine Doppelpatentierung vermieden wird, die sich sonst erst im Nichtigkeitsverfahren beseitigen läßt.

Der Einspruch muß innerhalb der Frist von zwei Monaten nach der Bekanntmachung der Anmeldung schriftlich erhoben werden und mit Gründen versehen sein. Der Einspruch ist gebührenfrei; er kann nur auf die Behauptung gestützt werden, daß der Gegenstand nach §§ 1 und 2 nicht patentfähig sei oder daß dem Patentsucher ein Anspruch auf das Patent nach § 3 nicht zustehe. Im Falle des § 3 Abs. 2 ist nur der Verletzte zum Einspruch berechtigt (§ 24 Abs. 2 des PG.).

Die Begründung muß bereits eine Beteiligung an der Prüfung in sich schließen, d. h. die Beteiligung an der Prüfung muß innerhalb der Einspruchsfrist auch betätigt werden. Die bloße Erklärung des Einsprechenden, sich beteiligen zu wollen, genügt nicht, selbst wenn sie mit einem Hinweise auf die in

Betracht kommenden gesetzlichen Bestimmungen verbunden ist. Dies gilt auch vom Entnahmeeinspruch[104]).

Des Nachweises eines besonderen Interesses am Einspruche bedarf es nicht. Ohne irgend ein Interesse wird zwar ein Einspruch wohl kaum eingelegt werden, aber dem Gesetze genügt die bloße Tatsache, daß der Einspruch mit Gründen versehen ist, ohne daß ein besonderes Interesse ersichtlich ist.

Durch die Begründung erhält der Einspruch ein individuelles Gepräge, welches ihn unter Lebenden und von Todes wegen übertragbar macht[105]). Bei der Übertragung handelt es sich indessen nicht um ein konkretes Recht. Ein solches wird durch den Einspruch überhaupt nicht begründet. Die Übertragung bewirkt vielmehr nur die Rechtsnachfolge in bezug auf eine prozessuale Stellung. Die Zulassung einer solchen entspricht dem Zwecke des Patenterteilungsverfahrens, welches erfordert, daß das einem Einspruche zugrunde liegende Material auch erschöpft wird, und zwar in erster Linie durch Betätigung des Einsprechenden selbst und bei dessen Wegfall durch seinen Nachfolger.

Ist der Einspruch verspätet erhoben oder nicht innerhalb der Frist mit Gründen versehen, so gilt er als unzulässig[106]). Die Unzulässigkeit des Einspruchs hat zwar die Bedeutung, daß dem Einsprechenden ein Recht auf Beteiligung und namentlich ein Beschwerderecht nicht zusteht, sie schließt indessen bei der Fortdauer der amtlichen Prüfung, die erst mit Abschluß des Erteilungsverfahrens ihr Ende erreicht, nicht aus, daß die verspätet vorgebrachten patenthindernden Tatsachen von Amts wegen Berücksichtigung finden. Das Patentamt wird ein zu seiner Kenntnis gebrachtes Abweismaterial nicht lediglich deshalb verwerfen, weil es ihm erst nach Ablauf der Einspruchsfrist zugegangen ist. Denn es hat die Aufgabe, ein gültiges Patent zu erteilen, und es ist deshalb verpflichtet, alles Material, das zu seiner Kenntnis gelangt, von Amts wegen zu berücksichtigen, für die etwa noch erforderliche Aufklärung Sorge

---

104) Bl. 1910 S. 6 PA.

105) GR. 1907 S. 8. Vgl. auch Bl. 1902 S. 204 PA.

106) Bl. 1902 S. 129 PA., S. 153 PA.; 1904 S. 189 PA. u. S. 412 PA.

zu tragen und sich dabei der ihm zur Verfügung gestellten Hilfe zu bedienen. Immerhin ist es nicht ganz ohne Bedeutung, ob ein noch weiterer Aufklärung bedürftiges Material vor oder nach Ablauf der Einspruchsfrist dem Patentamte zugegangen ist. Denn aus der Bestimmung, daß Einsprüche gegen die Patenterteilung innerhalb von zwei Monaten eingereicht und mit Gründen versehen sein müssen, ergibt sich, daß nach Ablauf dieser Frist auch alsbald über die Patenterteilung Beschluß gefaßt werden soll. Mit Rücksicht hierauf wird das Patentamt da, wo es sich nicht um schlüssiges Material, sondern um unsubstanziierte Behauptungen handelt, eine verschiedene Stellung einnehmen, je nachdem, ob die Behauptungen innerhalb der Einspruchsfrist oder später aufgestellt sind. Für die Art der Stellungnahme wird die Bedeutung des Materials und die bei seiner Berücksichtigung eintretende größere oder geringere Verzögerung des Verfahrens wesentlich in Betracht kommen.

Einem auf Entnahme gestützten unzulässigen Einspruche darf keine Folge gegeben werden, weil die Entnahme nicht von Amts wegen zu berücksichtigen ist.

. Das Patenterteilungsverfahren bleibt auch nach Einlegung von Einsprüchen ein amtliches Verfahren; es löst sich nicht etwa in eine der Zahl der erhobenen Einsprüche entsprechende Mehrheit von Einzelverfahren auf. Nicht über die einzelnen Einsprüche, sondern über den Antrag auf Patenterteilung ist zu entscheiden. Diese Entscheidung erfolgt, sobald die Frage der Patenterteilung zur Entscheidung reif ist. Hiernach kann eine vom Patentamte selbst nachträglich ermittelte patenthindernde Tatsache sofort zur Versagung des Patents führen, ohne daß auch nur auf einen einzigen der verschiedenen Einsprüche eingegangen zu werden braucht. In einem solchen Falle würde es lediglich zu einer Verzögerung des Verfahrens dienen, wenn das Patentamt in eine Beweisaufnahme über die von den Einsprechenden vorgebrachten Tatsachen eintreten oder eine Aufklärung unsubstanziierten Materials veranlassen würde. Im übrigen ist es zweckmäßig, daß das Patentamt bei der Versagung des Patents zu dem gesamten schlüssigen Material, soweit es von Amts wegen zu berücksichtigen ist,

Stellung nimmt und sich nicht auf eine einzige für patenthindernd erachtete Tatsache beschränkt, da mit der Möglichkeit zu rechnen ist, daß demnächst die mit der Sache befaßte Beschwerdeabteilung einen anderen Standpunkt einnimmt.

Da das Verfahren auch nach der Einlegung von Einsprüchen ein amtliches bleibt, so sind die Einsprechenden nicht die Träger des Verfahrens. Sie treten in ein bereits anhängiges Verfahren ein und ihr Ausscheiden beendigt das Verfahren nicht. Sie haben nur die Stellung von Beteiligten, nicht die Stellung von Parteien. Will man sie dennoch, wie es gelegentlich geschieht, als Parteien bezeichnen, so darf man damit nicht den Sinn verbinden, daß es sich um Parteien im zivilprozessualen Sinne handle, denen analoge Parteirechte zustehen, wie im Zivilprozeß. Das Urteil im Zivilprozeß hat der Regel nach nur zwischen Parteien Recht zu sprechen und ist nur für diese verbindlich, während ein erteiltes Patent für die Allgemeinheit gilt. Die Interessen der Allgemeinheit wahrzunehmen, ist in erster Linie das Patentamt selbst berufen, welchem sich dabei die Einsprechenden als Gehilfen anschließen. Da beide demselben Zwecke dienen und ihre Tätigkeit Hand in Hand geht, so wird im Verfahren erster Instanz kaum in die Erscheinung treten, ob die Einsprechenden ein Recht auf Beteiligung haben oder nicht. In der Tat steht ihnen ein solches Recht zu. Sie sind dem Patentamte vom Gesetze als Gehilfen an die Seite gestellt. Sie können daher vom Patentamte auch nicht willkürlich ausgeschaltet werden, sondern sind zur Mitwirkung am Verfahren berufen, solange das Patenterteilungsverfahren überhaupt anhängig ist. Nur durch ihren eigenen Austritt scheiden sie aus dem anhängigen Verfahren aus.

Das dem Einsprechenden zustehende Recht auf Beteiligung tritt gewöhnlich erst dann in die Erscheinung, wenn das Patentamt in erster Instanz dem Anmelder das Patent erteilt. Hier darf das Patentamt bei seiner Entscheidung das von den Einsprechenden beigebrachte Material nicht außer acht lassen, sondern es muß in eine Würdigung dieses Materials eintreten und in den schriftlichen Gründen des Beschlusses darlegen, weshalb das Material die Versagung des Patents nicht rechtfertigt. Dem Einsprechenden steht, wenn er die vorgeschriebenen Formen erfüllt hat, kraft Gesetzes das Recht zu, sich an der Prüfung der Anmeldung zu beteiligen. Dieses gesetzliche Recht hätte geringe praktische Bedeutung, wenn es dem Patentamte völllig freistünde, im einzelnen Falle nach Gutdünken den Gehilfen völlig beiseite zu schieben und ganz ohne seine Mitwirkung das Verfahren durchzuführen. Es war daher durchaus notwendig, daß der Gesetzgeber dem Einsprechenden mit dem Rechte auf Beteiligung zugleich das Recht verlieh, gegen eine in erster Instanz beschlossene Patenterteilung selbständig Beschwerde zu erheben.

Vor Erlaß der Endentscheidung einen besonderen Beschluß über die Zulässigkeit des Einspruchs zu fassen, liegt kein Anlaß vor. Wird dessenungeachtet durch einen solchen Beschluß ein Einspruch von der Anmeldeabteilung für zulässig oder für unzulässig erklärt, so ist die Abteilung an diesen Beschluß nicht gebunden, sondern kann jederzeit von dem dabei eingenommenen Standpunkte wieder abgehen. Hieran kann auch ein gemäß § 16 von der Beschwerdeabteilung gefaßter Beschluß nichts ändern. Jedenfalls aber vermag ein solcher Beschluß der Beschwerdeabteilung, der in einer Besetzung von nur drei Mitgliedern erfolgt, die später gemäß § 26 mit der Sache befaßte Beschwerdeabteilung nicht zu binden. Die Beschwerdeabteilung hat gemäß § 26 von Amts wegen zu prüfen, ob eine von dem Einsprechenden erhobene Sachbeschwerde zulässig ist oder nicht, und zwar ganz ohne Rücksicht darauf, ob die erste Instanz in einem voraufgegangenen Beschlusse oder in der Endentscheidung den Einspruch für zulässig oder für unzulässig erklärt hat und ob der voraufgegangene Beschluß von der gemäß § 16 mit der Sache befaßt gewesenen Beschwerdeabteilung bestätigt oder abgeändert worden ist. Ergibt die Prüfung die Unzulässigkeit des Einspruchs, so ist die Sachbeschwerde als unzulässig zu verwerfen, weil dem Beschwerdeführer das Rechtsmittel der Beschwerde nicht zusteht. Erachtet die Beschwerdeabteilung hingegen den Einspruch für zulässig, so hat sie in die sachliche Prüfung einzutreten.

Die Anmeldeabteilung hat hiernach, um die Rechtskraft der

ergangenen Entscheidung über die Patenterteilung zu sichern, auch demjenigen Einsprechenden, dessen Einspruch sie für unzulässig erachtet, die Endentscheidung zuzustellen, damit dieser die Möglichkeit hat, durch eine Sachbeschwerde fristgemäß den Beschluß anzugreifen, und zugleich genötigt ist, von dieser Möglichkeit Gebrauch zu machen, falls er den Eintritt der Rechtskraft verhindern will.

Dem Patentamte steht die Leitung des Verfahrens zu. Das Patentamt kann in diesem Verfahren jederzeit die Ladung und Anhörung der Beteiligten, die Vernehmung von Zeugen und Sachverständigen, sowie die Vornahme sonstiger zur Aufklärung der Sache erforderlicher Ermittelungen anordnen. Das Patentamt hat dabei die Pflicht, wie den Patentsucher, so auch die Einsprechenden zum Verfahren zuzuziehen. Die Zuziehung der Einsprechenden ist in allen Fällen geboten, in denen dies zur Aufklärung der Sache dienlich ist. Unterbleibt die Zuziehung, so sind gegen diese Unterlassung Rechtsmittel nicht weiter gegeben. Denn es muß allein der leitenden Stelle überlassen bleiben, welche Schritte sie zur Aufklärung der Sache unternehmen will. In die Leitung als solche kann auch die Beschwerdeabteilung nicht eingreifen. Ein Recht auf Anhörung, also auf mündliche Verhandlung, steht dem Einsprechenden wie dem Patentsucher nur in zweiter Instanz zu. Zu Zeugenvernehmungen wird der Patentsucher in allen Fällen und der Einsprechende wenigstens dann zuzuziehen sein, wenn es sich dabei um Material handelt, auf welches der Einspruch sich bezieht. Selbstverständlich genügt es, wenn die Beteiligten vom Termine benachrichtigt werden; ihr Erscheinen ist nicht erforderlich. Dem Patentsucher wie dem Einsprechenden ist Gelegenheit zu geben, durch Fragen, die mit Genehmigung des Vorsitzenden von ihnen auch direkt an die Zeugen gerichtet werden können, zur Ermittlung des Sachverhaltes beizutragen. Die Zeugen werden, soweit dies nach den Bestimmungen der Zivilprozeßordnung zulässig ist, eidlich vernommen. Die Vernehmung erfolgt entweder vor dem Patentamte selbst, oder auf dessen Ersuchen durch die zuständigen Gerichte. Die Pflicht der Gerichte, dem Patentamte Rechtshilfe zu leisten, erstreckt sich auch auf Beweiserhebungen am Orte seines Amtssitzes[107]). Sachverständige werden in der Regel veranlaßt, ihr Gutachten schriftlich zu erstatten. Den Beteiligten ist Gelegenheit zu geben, sich über das Ergebnis der Beweisaufnahme zu äußern und weitere Anträge zu stellen. Da das Patenterteilungsverfahren kein Parteiverfahren ist, so finden die Vorschriften der Zivilprozeßordnung über den Parteieid und den richterlichen Eid keine Anwendung. Aus demselben Grunde ist das Patentamt an die für den Zivilprozeß geltenden Regeln über die Beweispflicht nicht gebunden[108]).

Patentsucher und Einsprechende können, da sie im Verfahren als Beteiligte zu Worte kommen, nicht zugleich Zeugen sein[109]).

Der auf Entnahme gestützte Einspruch richtet sich ebenso wie andere Einsprüche gegen die Erteilung des Patents. Zwar kann der Einsprechende, welcher erreicht, daß die Anmeldung wegen Entnahme zurückgenommen oder zurückgewiesen wird, gemäß § 3 Abs. 2 des PG. als Eingangstag einer von ihm selbst innerhalb eines Monats seit Mitteilung des hierauf bezüglichen Bescheides einzureichenden Anmeldung den Tag vor Bekanntmachung der früheren Anmeldung in Anspruch nehmen. Es steht indessen dem Einsprechenden mit Rücksicht auf diese Bestimmung nicht zu, die Patentfähigkeit der angemeldeten Erfindung zu verfechten und eine Entscheidung gerade über die Entnahme zu verlangen[110]). Eine Entscheidung über die Entnahme ist vielmehr erst dann zu treffen, wenn ohnedies die Erteilung des Patents zu beschließen wäre. Ist hingegen das Patent zu versagen, weil der Gegenstand nach §§ 1 und 2 nicht patentfähig ist oder weil dem Patentsucher ein Anspruch auf das Patent nach § 3 Abs. 1 nicht zusteht, so ist auf den Entnahmeeinspruch nicht weiter einzugehen[111]).

Da die amtliche Prüfung auch nach der Bekanntmachung

---

107) Bl. 1906 S. 4 RG.
108) Vgl. auch oben S. 50.
109) GR. 1908 S. 243.
110) GR. 1907 S. 2
111) Bl. 1908 S. 132 PA.

der Anmeldung noch fortdauert, so folgt aus dem Umstande, daß kein Einspruch erhoben ist, nicht, daß nun auch das Patent erteilt werden müßte. Das Patentamt hat vielmehr auch ein nachträglich ermitteltes Material von Amts wegen zu berücksichtigen, und es steht ihm, selbst wenn neues Material nicht ermittelt ist, vollkommen frei, seine frühere Auffassung über die Patentfähigkeit zu ändern und das Patent, nachdem dem Anmelder Gelegenheit zur Äußerung gegeben ist, zu versagen. Die Anmeldeabteilung kann auch dann das Patent versagen, wenn die Beschwerdeabteilung die in erster Instanz abgewiesene Anmeldung bekanntgemacht hatte und Einspruch gegen die Patenterteilung nicht erhoben war[112]). Fälle dieser Art werden aber nur selten praktisch werden.

Während bis zum Beschlusse über die Bekanntmachung Änderungen der in der Anmeldung enthaltenen Angaben zulässig waren und während die früher aufgestellten Ansprüche nur als Versuche galten, den für patentfähig erachteten Gegenstand zu kennzeichnen, ist durch die Bekanntmachung der geschützt beanspruchte Gegenstand festgelegt. Dieser im Patentanspruche gekennzeichnete Gegenstand kann nachträglich weder erweitert[113]) werden, noch kann, ganz oder teilweise, an die Stelle des festgelegten Gegenstandes ein anderer gesetzt werden. Eine solche Erweiterung oder Änderung ist unzulässig und hat die Abweisung der ganzen Anmeldung zur Folge, wenn der Anmelder auf ihr besteht[114]). Denn das, was neu hinzugekommen ist, ist als beansprucht nicht bekanntgemacht, und wenn die Bekanntmachung unterblieben ist, so ist der Allgemeinheit keine Gelegenheit geboten, sich an der Prüfung zu beteiligen und gegen eine für ungerechtfertigt erachtete Patenterteilung Einspruch zu erheben. Es ist daher im Gegensatze zum Verfahren vor der Bekanntmachung hier ohne Bedeutung, ob dasjenige, was in den Anspruch neu aufgenommen werden soll, in der bekanntgemachten Beschreibung enthalten ist. Denn es kommt allein darauf an, ob es mit der Bekanntmachung

112) Bl. 1906 S. 181 PA.
113) Bl. 1901 S. 39 PA. u. S. 167 PA.
114) Bl. 1901 S. 168 PA.

als geschützt beansprucht ist. Trifft diese Voraussetzung nicht zu, so mußte die Allgemeinheit annehmen, daß eine Patenterteilung nach dieser Richtung hin nicht in Frage stehe, und es lag daher auch für niemand Anlaß vor, gegen eine ersichtlich gar nicht beabsichtigte Patenterteilung durch Einspruch zu protestieren. Eine Erweiterung oder Änderung des im Patentanspruch gekennzeichneten Gegenstandes ist folglich nach der Bekanntmachung nicht mehr zulässig. Dagegen ist eine Beschränkung selbstverständlich zulässig, und eine solche erweist sich auch nicht selten mit Rücksicht auf das in den Einsprüchen beigebrachte Material als erforderlich.

Änderungen, die nur dahin gehen, die Beschreibung zu verbessern oder dem Anspruche einen klareren Ausdruck zu geben, sind gleichfalls zulässig. Es ist Pflicht des Patentamts, die Unterlagen des Patents so klarzustellen, als es den Umständen nach möglich ist. Ob die Anregung zu Verbesserungen vom Patentsucher oder einem Einsprechenden ausgeht oder ob das Patentamt aus sich selbst heraus die Verbesserung glaubt vornehmen zu müssen, ist ohne Bedeutung.

Das Patentamt hat bei seiner Prüfung, ob eine Erweiterung oder Änderung des beanspruchten Gegenstandes vorliegt, nicht an den Worten zu haften und sich insbesondere nicht ganz allein an den bekannt gemachten Patentanspruch zu halten. Es hat vielmehr den im Patentanspruche ausgedrückten Willen des Anmelders zu ermitteln und festzustellen, ob dieser Wille einen verständlichen Ausdruck gefunden hat. Dabei ist zu unterstellen, daß der Patentsucher nichts Unvernünftiges gewollt hat, wenn ein vernünftiger Wille festzustellen ist. Ergibt sich, daß der Patentsucher einen erheblich weiteren Schutz beanspruchen wollte, als der Patentanspruch seinen Worten nach besagt, so kommt es nur darauf an, ob dieser Wille im Patentanspruch in Verbindung mit der Beschreibung verständlich zum Ausdruck gekommen ist, d. h. ob die Allgemeinheit, insbesondere der Sachverständige, aus diesen Unterlagen den Willen des Patentsuchers nach weiterem Schutz bei vernünftiger Auslegung zu entnehmen vermochte. Ein Zweifel hinsichtlich des Ausdrucks wird zugunsten des Patentsuchers zu entscheiden sein und nur Veranlassung geben, durch Verbesserung des Ausdrucks den Zweifel zu beseitigen.

Eine Teilung der Anmeldung ist nach der Praxis des Patentamts nach der Bekanntmachung nicht mehr zulässig[115]).

Auch in dem Sinne ist eine Teilung nach der Bekanntmachung nicht mehr zulässig, daß der Patentsucher Gegenstände, die in der Beschreibung enthalten, aber in den Anspruch nicht aufgenommen sind, durch besondere Anmeldung mit alter Priorität weiterverfolgen könnte[116]). Durch Vorlegung des zur Bekanntmachung bestimmten Anspruches hat der Patentsucher erschöpfend dasjenige angegeben, was er unter Patentschutz gestellt haben will, und durch die Bekanntmachung der Anmeldung mit diesem Anspruch hat das Patentamt kundgegeben, daß es den Gegenstand der Anmeldung für klargestellt erachte. Der bekanntgemachte Anspruch bringt nicht nur zum Ausdruck, was auf Grund der Anmeldung unter Schutz gestellt werden soll, sondern er stellt zugleich fest, daß nur dies und nichts anderes beansprucht wird. Daraus folgt, daß alles dasjenige, was in den Unterlagen enthalten war, soweit es nicht in den bekanntgemachten Anspruch übergegangen ist, vom Schutze ausgeschlossen ist, und zwar selbst dann, wenn es in früher formulierten Ansprüchen enthalten war, die später durch den bekanntgemachten Anspruch ersetzt sind. Eine Teilung kann hier also gar nicht in Frage kommen, weil das, was abgeteilt werden soll, gar nicht mehr Gegenstand der Anmeldung ist. Dies gilt nicht nur von dem, was aus der ursprünglichen Anmeldung in die bekanntgemachten Unterlagen nicht übergegangen ist, sondern auch von Angaben, die in der ausgelegten Beschreibung enthalten sind, aber nicht Gegenstand des Patentanspruchs bilden.

Selbstverständlich ist eine Abtrennung auch nach der Bekanntmachung möglich, wenn es sich um Gegenstände handelt, die erst nach der Bekanntmachung zur Anmeldung hinzugefügt worden sind. Diese Gegenstände können und müssen aus der Anmeldung wieder ausgeschieden werden, und der Antrag auf

115) Bl. 1910 S. 182 PA.

116) Bl. 1910 S. 180 u. 182 PA. und GR. 1910 S. 96.

Patenterteilung für sie ist in besonderer Anmeldung weiterzuverfolgen, wobei als Anmeldetag der Tag ihrer Aufnahme in die bereits behandelte Anmeldung gilt. In dieser Beziehung kommen im wesentlichen die gleichen Grundsätze zur Anwendung, die für das Verfahren vor der Bekanntmachung galten. Die Priorität des Antrags auf Patenterteilung, der in Verbindung mit der unzulässigen Erweiterung gestellt ist, ist nicht nur dann begründet, wenn das Neuaufgenommene erst mit der Erweiterung kundgegeben ist, sondern auch dann, wenn es sich um die Wiederaufnahme eines Gegenstandes handelt, der schon in früheren Unterlagen beschrieben, bei der Bekanntmachung aber nicht beansprucht war. Denn der, wenn auch in unzulässiger Form gestellte, Antrag auf Patenterteilung und die damit verbundene Bezugnahme auf die schon früher in derselben Sache erfolgte Kundgebung des beanspruchten Gegenstandes genügen den Anforderungen, die an eine Anmeldung im Rechtssinne zu stellen sind, und begründen folglich einen Anspruch auf Patenterteilung, dessen Priorität sich natürlich nicht nach der früheren Kundgebung, sondern nach dem Eingange des erneut gestellten Antrages auf Patenterteilung, nämlich der unzulässigen Erweiterung, richtet.

Da, wie schon oben hervorgehoben wurde, eine Teilung nach der Bekanntmachung der Anmeldung nicht für zulässig gilt, so ist konsequenterweise auch eine Beanstandung der Einheit nicht zulässig, und zwar selbst dann nicht, wenn sich erst nach der Bekanntmachung ergibt, daß der die verschiedenen Ansprüche zusammenhaltende Erfindungsgedanke bereits bekannt ist[117]).

Ergibt die Prüfung, daß der Patentschutz nicht in dem beanspruchten Umfange gewährt werden kann, während der Patentsucher auf einer Erteilung des Patents im vollen Umfange besteht, so ist, abweichend von den vor der Bekanntmachung geltenden Grundsätzen, ein beschränktes Patent zu erteilen[118]). Dies setzt indessen voraus, daß der Patentsucher, wenn auch unter Wahrung seines Standpunktes und unter Vorbehalt der

117) Bl. 1910 S. 184 Spalte 2.

118) Kohlers Festgabe S. 197.

Beschwerde, die für ein beschränktes Patent erforderlichen Unterlagen vorgelegt hat.

Wird auf eine bekanntgemachte Anmeldung das Patent versagt und wird diese Versagung rechtskräftig, oder wird eine Anmeldung nach der Bekanntmachung zurückgenommen, so erfolgt darüber eine Bekanntmachung im Reichsanzeiger, die zugleich auch im Patentblatt veröffentlicht wird. Die eingezahlte Jahresgebühr wird in diesen Fällen erstattet. Mit der Versagung des Patents gelten die Wirkungen des einstweiligen Schutzes als nicht eingetreten.

10. Das Beschwerdeverfahren.

Gegen den Beschluß, durch welchen die Anmeldung zurückgewiesen wird, kann der Patentsucher, und gegen den Beschluß, durch welchen über die Erteilung des Patents entschieden wird, der Patentsucher oder der Einsprechende innerhalb eines Monats nach der Zustellung Beschwerde einlegen (§ 26 des PG.).

Daneben kennt das Patentgesetz noch eine einfache Beschwerde (§ 16 des PG.), die sich gegen sonstige Beschlüsse der Anmeldeabteilungen richtet, im Falle des § 26 des PG. aber nicht stattfindet.

Die einfache Beschwerde ist gebührenfrei und an eine gesetzliche Frist nicht gebunden. Über diese Beschwerde entscheidet die Beschwerdeabteilung in einer Besetzung von drei Mitgliedern. An der Beschlußfassung darf kein Mitglied teilnehmen, welches bei dem angefochtenen Beschlusse mitgewirkt hat.

Die Anwendung der einfachen Beschwerde findet eine wesentliche Beschränkung dadurch, daß die Beschwerdeabteilung hier in die Würdigung der Patentfähigkeit und in die Prüfung des Anspruchs auf Patenterteilung durch die erste Instanz nicht eingreifen darf. Die erste Instanz hat nach freiem Ermessen zu entscheiden, ob das beantragte Patent zu erteilen ist oder nicht. Sie hat dabei lediglich ihre eigene Auffassung zugrunde zu legen, die Beschwerdeabteilung darf ihr im Wege des § 16 keine abweichende Auffassung aufdrängen[119]).

Hat die erste Instanz die Aussetzung des Verfahrens beschlossen, weil der Erteilung des Patents eine ältere Anmeldung auf den gleichen Gegenstand entgegensteht, deren Erledigung zunächst abgewartet werden muß, so kann dieser Beschluß nicht im Wege der einfachen Beschwerde mit der Begründung angefochten werden, daß der Gegenstand der älteren Anmeldung ein anderer oder die entgegengehaltene Anmeldung nicht älter, sondern jünger sei. Sollte selbst die Beschwerdeabteilung dieser Auffassung beizutreten geneigt sein, so kann sie doch in das Verfahren erster Instanz nicht eingreifen[120]). Sie ist also nicht befugt, durch Aufhebung des Aussetzungsbeschlusses die erste Instanz zur Fortsetzung des Verfahrens zu nötigen. Denn die erste Instanz könnte das Verfahren nur in der Weise fortsetzen, daß sie die ältere Anmeldung außer Betracht ließe und so unter Umständen zur Erteilung eines Patents auf die jüngere Anmeldung käme, obgleich nach ihrer Auffassung dem Anmelder ein Anspruch auf Patenterteilung nicht zusteht. Damit wäre die erste Instanz in der Freiheit der Entschließung über die Erteilung des Patents beschränkt worden. Würde man hingegen dem Aufhebungsbeschlusse lediglich die Bedeutung beilegen, daß die erste Instanz nur genötigt wäre, ungeachtet der älteren Anmeldung die Bekanntmachung der jüngeren Anmeldung zu beschließen, so müßte die erste Instanz nach der Bekanntmachung wiederum von Amts wegen die Aussetzung des Verfahrens anordnen. Darauf könnte im Wege der einfachen Beschwerde dieser Aussetzungsbeschluß wiederum aufgehoben und somit die erste Instanz genötigt werden, gegen ihre Überzeugung die Erteilung des Patents zu beschließen[121]).

Kann hiernach die Beschwerdeabteilung auf eine Beschwerde des Patentsuchers gemäß § 16 des PG. einen Aussetzungsbeschluß der ersten Instanz nicht mit der Begründung aufheben, daß die entgegengehaltene Anmeldung sachlich einen andern

[119]) Bl. 1900 S. 16 PA.; Ind. 1911 S. 162 PA. u. Bl. 1911 S. 158 PA.

[120]) Bl. 1903 S. 245 PA., Bl. 1907 S. 105 PA.

[121]) Vgl. auch GR. 1908 S. 117—118.

Gegenstand habe oder nach Unionsrecht jünger sei, so ist immerhin die Aufhebung aus anderen Gründen nicht ausgeschlossen, z. B. wenn die entgegengehaltene Anmeldung, auch nach Auffassung der ersten Instanz, nur einem von mehreren Ansprüchen entgegensteht und die erste Instanz, ohne die übrigen Ansprüche zu prüfen, das Verfahren für die ganze Anmeldung ausgesetzt hat, obwohl eine weitere Behandlung der übrigen Ansprüche recht wohl möglich ist[122]).

Wird durch den Patenterteilungsbeschluß erster Instanz ein Einspruch als unzulässig verworfen, so kann der durch diesen Beschluß beschwerte Einsprechende nur gemäß § 26[123]), nicht gemäß § 16 des PG. Beschwerde erheben[124]).

Auch gegen Vorbescheide oder prozeßleitende Verfügungen, z. B. gegen die Versagung einer Frist oder die Anordnung einer Beweisaufnahme, findet eine Beschwerde gemäß § 16 des PG. nicht statt[125]).

Die einfache Beschwerde ist zwar an eine Frist nicht gebunden, es liegt aber in der Natur der Sache, daß gegen einen Beschluß, der vollzogen ist und nicht mehr rückgängig gemacht werden kann, eine Beschwerde nicht mehr stattfindet. Mit Rücksicht hierauf pflegt das Patentamt dem Beteiligten gegebenenfalls, um ihm die einfache Beschwerde nicht abzuschneiden, eine Frist mitzuteilen, innerhalb welcher ihm zur Einlegung der Beschwerde Gelegenheit gewährt ist. Auch wenn die Beschwerde durch die Tatsachen zwar nicht überholt, aber so spät eingelegt ist, daß die Beschwerdeerhebung nicht mehr als Weiterverfolgung des abgewiesenen Antrages angesehen werden kann, gilt die Beschwerde nach einer Entscheidung des Patentamts als unzulässig[126]).

Die für die Beschwerde des § 26 vorgeschriebene Frist von einem Monat wird durch die Zustellung des Beschlusses in Lauf gesetzt. Die Zustellung erfolgt durch die Post, welche

---

122) GR. 1908 S. 118.
123) GR. 1908 S. 120.
124) Bl. 1904 S. 10 PA. und oben S. 82.
125) Bl. 1912 S. 274 PA.
126) Bl. 1910 S. 179 PA.

über die Ausführung der Zustellung eine förmliche Urkunde aufzunehmen hat (K. Verordn. v. 11. 7. 1891, § 12)[127]). Ist die Zustellung nicht vorschriftsmäßig, z. B. nur durch eingeschriebenen oder durch einfachen Brief erfolgt, so ist die Beschwerdefrist nicht in Lauf gesetzt. Ob der Adressat den Beschluß auf dem unvorschriftsmäßigen Wege tatsächlich empfangen hat, ist dabei ohne Bedeutung. Die Zustellung muß von neuem, und zwar vorschriftsmäßig erfolgen, und erst mit der neuen vorschriftsmäßigen Zustellung beginnt die Beschwerdefrist.

Ist dic Beschwerde an sich nicht statthaft oder ist sie verspätet eingelegt, so wird sie als unzulässig verworfen.

Mit der Einlegung der Beschwerde sind für die Kosten des Beschwerdeverfahrens 20 M. zu zahlen; erfolgt die Zahlung nicht, so gilt die Beschwerde als nicht erhoben.

Für die Beschwerde ist eine besondere Form nicht ausdrücklich vorgeschrieben; indessen folgt aus dem allgemeinen Grundsatze der Schriftlichkeit des Patenterteilungsverfahrens[128]), daß auch die Beschwerde schriftlich eingelegt werden muß. Im übrigen bedarf es keiner besonderen Form. Die Beschwerde kann auch durch Telegramm erhoben werden. Eine Einlegung der Beschwerde zu Protokoll genügt nicht, falls nicht das Protokoll unterschrieben ist. Dagegen ist die Unterschrift nicht unter allen Umständen erforderlich[129]). Nach der nicht einwandsfreien Praxis des Patentamts genügt es sogar schon, wenn die Gebühr von 20 M. bei einer Postanstalt eingezahlt und zugleich auf dem Postabschnitt die Gebühr als Beschwerdegebühr bezeichnet wird. Hier ist indessen zu beachten, daß zwar die Beschwerdegebühr als rechtzeitig eingezahlt gilt, wenn sie innerhalb der Beschwerdefrist bei einer Postanstalt des Deutschen Reichs eingezahlt ist, daß dieser Grundsatz aber auf die Beschwerdeerklärung keine Anwendung findet. Die Beschwerde selbst muß innerhalb eines Monats beim Patentamte eingegangen sein; sonst wird sie trotz rechtzeitiger Einzahlung der Gebühr

---

[127]) Vgl. oben S. 17.

[128]) Vgl. oben S. 23.

[129]) Ind. 1912 S. 90 PA. und außerhalb des Patentrechts D. J. Z. 1912 S. 168.

als unzulässig verworfen. Der Eingang der Beschwerdeerklärung bei einem Postamt des Deutschen Reiches genügt nicht[130]).

Nach dem Gesetze soll die Beschwerdegebühr zwar mit der Einlegung der Beschwerde bezahlt werden, und daraus folgt, daß die eingelegte Beschwerde als nicht erhoben gilt, solange die Gebühr nicht bezahlt ist. Wird aber die Gebühr noch innerhalb der Beschwerdefrist beim Patentamte oder bei einer Postanstalt des Deutschen Reichs nachträglich bezahlt, so gilt nunmehr die Beschwerde als erhoben, ohne daß es einer neuen Erklärung bedarf. Eine Einzahlung der Gebühr nach Ablauf der Beschwerdefrist genügt hingegen nicht, denn sonst könnte der Eintritt der Rechtskraft des angefochtenen Beschlusses dadurch hinausgeschoben werden, daß rechtzeitig Beschwerde eingelegt, die Gebühr aber zurückgehalten würde. Gilt die rechtzeitig erhobene Beschwerde mangels Zahlung der Gebühr als nicht erhoben, so tritt mit Ablauf der Beschwerdefrist die Rechtskraft des Beschlusses ein. Die Beschwerdegebühr kann auch schon vor Einlegung der Beschwerde bezahlt werden, und dies ist regelmäßig der Fall, wenn die Gebühr unter der Bezeichnung als Beschwerdegebühr bei einer Postanstalt des Deutschen Reichs eingezahlt wird, weil hier für die Beschwerde selbst erst deren Eingang beim Patentamte maßgebend ist.

Ist die Beschwerdegebühr überhaupt nicht gezahlt, so gilt die Beschwerde als nicht erhoben, d. h. der Beschwerdeführer kann eine Entscheidung über die Beschwerde nur dann verlangen, wenn er die Gebühr bezahlt hat. Es ergeben sich nun verschiedene Komplikationen, wenn die Beschwerde verspätet, aber die Gebühr rechtzeitig, oder wenn die Beschwerde rechtzeitig, aber die Gebühr verspätet, oder wenn sowohl die Beschwerde wie die Gebühr verspätet eingegangen sind. Nach der Praxis des Patentamts wird im ersten Falle die Beschwerde unter Einbehaltung der Gebühr als unzulässig verworfen[131]); im zweiten Falle gilt die Beschwerde als nicht erhoben und die Gebühr wird erstattet, und im dritten Falle wird die Be-

[130]) Bl. 1898 S. 122 PA.
[131]) Bl 1901 S. 165 PA.

schwerde als unzulässig verworfen und die Gebühr einbehalten[132]).

Wir halten die hier gemachte Unterscheidung nicht für zutreffend. Nach ausdrücklicher Bestimmung des Gesetzes ist die Gebühr für die Kosten des Beschwerdeverfahrens zu zahlen. Daraus folgt, daß die Beschwerdegebühr stets zu erstatten ist, wenn ein Beschwerdeverfahren nicht stattfindet.

Die Bestimmung in § 26 Abs. 5 des PG., welche die Zurückzahlung der Beschwerdegebühr nur in dem Falle zuläßt, daß die Beschwerde für gerechtfertigt befunden ist, steht dieser Auffassung nicht entgegen. Sie bezieht sich nur auf den Fall, daß die Beschwerde sachlich geprüft worden ist. Hier findet eine wirkliche Zurückzahlung einer fällig gewordenen Beschwerdegebühr statt. Wird hingegen die Beschwerde nebst der für sie bestimmten Gebühr überhaupt nicht akzeptiert, so kann es sich nur darum handeln, die tatsächlich erfolgte Einzahlung des Geldes bei der Kasse, die sich im Geschäftsgange nicht vermeiden ließ, durch Erstattung des nicht akzeptierten Geldes wieder rückgängig zu machen.

Nun veranlaßt allerdings auch die Einlegung einer unzulässigen Beschwerde ein Verfahren insofern, als diese Beschwerde auf ihre Zulässigkeit geprüft werden muß. Dies Verfahren ist aber kein Beschwerdeverfahren; es betrifft nur die Vorfrage, ob ein Beschwerdeverfahren einzuleiten ist oder nicht. Wird diese Frage verneint, so wird die Einleitung des Beschwerdeverfahrens und damit die vom Beschwerdeführer gewünschte Nachprüfung der angefochtenen Entscheidung abgelehnt.

Nach unserer Auffassung ist deshalb die gezahlte Beschwerdegebühr, abweichend von der Praxis, grundsätzlich in allen Fällen zu erstatten, in denen die Beschwerde a limine abgewiesen wird, also auch dann, wenn die Beschwerde verspätet, aber die Gebühr rechtzeitig eingegangen ist, oder wenn sowohl die Beschwerde, als auch die Gebühr verspätet eingegangen sind, und zwar ohne Rücksicht darauf, ob die Unzulässigkeit der Beschwerde durch eine ausdrückliche Entschei-

---

[132]) Bl. 1901 S. 165 PA.

dung festgestellt wird oder nicht. Aus demselben Grunde ist die Beschwerdegebühr in allen andern Fällen zu erstatten, in denen eine Prüfung der Beschwerde als unstatthaft abgelehnt wird.

Die Beschwerde ist unstatthaft, wenn sie an eine Bedingung geknüpft ist[133]), oder wenn der Beschwerdeführer nicht beschwert ist oder kein Beschwerderecht hat, weil sein Einspruch nicht zulässig war, oder wenn sie sich lediglich gegen die Begründung des Beschlusses richtet, z. B. Patentversagung wegen Entnahme verlangt, während das Patent wegen mangelnder Neuheit versagt ist, oder wenn sie von einem Ausländer erhoben ist, solange dieser im Inlande keinen Vertreter hat.

Eine Wiedereinsetzung in den vorigen Stand gegen die unverschuldete Versäumung der Beschwerdefrist kennt das Gesetz nicht.

Eine Patenterteilung, die ohne Einspruch in völliger Übereinstimmung mit den Anträgen des Patentsuchers erfolgt ist, gilt nach der Praxis des Patentamts als sofort rechtskräftig[134]). Diese Praxis erscheint uns nicht unbedenklich[135]). Das Patentamt hat auch in neuerer Zeit eine Beschwerde gegen einen Patenterteilungsbeschluß zugelassen, durch welchen antragsgemäß ein Zusatzpatent zu einem Hauptpatente erteilt war, das, wie sich ergab, inzwischen erloschen war[136]).

Erhebt ein einzelner von mehreren Anmeldern Beschwerde, so wirkt diese Beschwerde nach den Grundsätzen über Rechtsgemeinschaft auch zugunsten der Mitanmelder (§ 741 ff. des BGB.) [137]), falls nicht letztere auf weitere Beteiligung ausdrücklich verzichten und damit aus dem Verfahren überhaupt ausscheiden[138]).

Die Beschwerde kann auf neue Tatsachen gestützt werden. Damit ist für den Patentsucher die Möglichkeit gegeben, eine

---

133) Bl. 1904 S. 9 PA.
134) Bl. 1901 S. 39 PA. u. S. 294 PA.; Bl. 1903 S. 137 PA
135) Kohlers Festgabe S. 201 f.
136) Bl. 1911 S. 310 PA.
137) Mitt. v. Verb. D. PA. 1912 S. 26 PA.
138) Vgl. oben S. 38.

in erster Instanz versäumte Handlung, deren Unterlassung die Abweisung zur Folge gehabt hat, in zweiter Instanz nachzuholen; die zweite Instanz hat nicht zu entscheiden, ob die erste Instanz richtig entschieden hat, ob also nach dem Stande der Sache zur Zeit der angefochtenen Entscheidung die Abweisung gerechtfertigt war, sondern sie hat nach dem Stande der Sache im Augenblicke ihrer eigenen Entschließung die durch die Sachlage gerechtfertigte Entscheidung abzugeben.

Ist in erster Instanz die Abweisung erfolgt, ohne daß es zu einer sachlichen Prüfung gekommen ist, z. B. wenn die Anmeldegebühr nicht bezahlt oder die eingereichte Beschreibung mangelhaft war, so wird die zweite Instanz nach Beseitigung des Mangels sich darauf beschränken, den abweisenden Beschluß aufzuheben und die Sache zum weiteren Verfahren in die Vorinstanz zurückzuverweisen. Denn es liegt im Interesse der Sache, daß die sachliche Prüfung der Anmeldung durch den dazu berufenen, mit dem Recherchenmaterial besonders vertrauten Vorprüfer erfolgt. Für den Anmelder hat dies zugleich den Vorteil, daß ihm auch für die sachliche Prüfung zwei Instanzen zur Verfügung stehen. Wird infolgedessen die sachliche Prüfung eine gründlichere, so ist dies für den Anmelder kein Nachteil, denn es kann ihm, soweit berechtigte Interessen in Frage kommen, nicht daran gelegen sein, ein Patent zu erhalten, das einer Nichtigkeitsklage ausgesetzt ist, weil die Prüfung im Erteilungsverfahren keine erschöpfende war.

Ist die Anmeldung auf Grund einer sachlichen Prüfung in erster Instanz abgewiesen und hält die Beschwerdeabteilung die Erteilung eines Patents dem beigebrachten Material gegenüber nicht für ausgeschlossen, so beschließt sie die Bekanntmachung der Anmeldung. Nach erfolgter Bekanntmachung geht die Sache dann an die erste Instanz zurück, welcher die weitere Behandlung der Anmeldung obliegt.

Soll die Entscheidung über die Beschwerde auf Grund anderer als der in dem angegriffenen Beschlusse berücksichtigten Umstände erfolgen, so ist den Beteiligten zuvor Gelegenheit zu geben, sich hierüber zu äußern. Sind diese Umstände wohl in früheren Verfügungen, aber nicht im angegriffenen

Beschlusse selbst entgegengehalten, so entbindet dies die Beschwerdeabteilung nicht von der Pflicht des Hinweises, es sei denn, daß der Beschluß auf die in Frage kommende Verfügung besonders hingewiesen und sie damit in die Beschlußgründe aufgenommen hat.

Auch im Verfahren vor der Beschwerdeabteilung kann jederzeit die Ladung und Anhörung der Beteiligten, die Vernehmung von Zeugen und Sachverständigen, sowie die Vornahme sonstiger zur Sache erforderlicher Ermittlungen angeordnet werden. In dieser Beziehung kommen die gleichen Grundsätze wie in erster Instanz zur Anwendung. Indessen muß in zweiter Instanz die Ladung und Anhörung der Beteiligten auf Antrag eines derselben erfolgen, während die erste Instanz nach freiem Ermessen über einen solchen Antrag zu entscheiden hat. Beantragt der Patentsucher die mündliche Verhandlung, so müssen auch sämtliche Einsprechenden geladen werden. Stellt hingegen ein einzelner Einsprechender den Antrag, so braucht außer ihm nur der Patentsucher geladen zu werden, weil es sich hier um die Klarstellung von Material handelt, an dem die andern Einsprechenden nicht beteiligt sind. Indessen ist auch hier die Beschwerdeabteilung nicht gehindert, die übrigen Einsprechenden gleichfalls zu laden. Zu einer Ladung sämtlicher Beteiligter wird sie namentlich dann Anlaß haben, wenn das gesamte Material mündlich erörtert und gewürdigt werden soll. Dies wird die Regel bilden. Der in zweiter Instanz gestellte Antrag auf mündliche Verhandlung kann nur abgelehnt werden, wenn die Ladung des Antragstellers in dem Verfahren vor der Anmeldeabteilung bereits erfolgt war.

Wie in erster, so ist in zweiter Instanz die mündliche Verhandlung ein höchst wichtiges Mittel, um die Patentfähigkeit der angemeldeten Erfindung zu klären. Es kommt in der Praxis oft vor, daß bei einer zwanglosen, zwischen dem Patentamte und dem Anmelder, wenn dieser selbst der Erfinder ist, stattfindenden Aussprache, bei welcher amtsseitig die Bedenken entgegengehalten und vom Erfinder beantwortet werden, der Gegenstand der Anmeldung eine andere Beleuchtung erfährt, die ihn nunmehr patentfähig erscheinen läßt.

Auch die Vorführung des angemeldeten Gegenstandes wird sich in vielen Fällen als zweckmäßig erweisen.

Hat eine Anhörung der Beteiligten vor der Abteilung stattgefunden, so kann ein Mitglied, welches hierbei nicht zugegen gewesen ist, an der Abstimmung nicht teilnehmen; ein Wechsel im Kollegium macht hiernach eine Wiederholung der mündlichen Verhandlung erforderlich (§ 8 Abs. 2 der K. Verordn. v. 11. 7. 1891).

Aufgabe des Patentamts auch in der Beschwerdeinstanz ist es, ein gültiges, in sich verständliches[139]), die Erfindung zutreffend kennzeichnendes Patent zu erteilen. Diesem Zwecke entspricht nur die Auslegung des Gesetzes, daß die Anmeldung als Ganzes der Beurteilung der Beschwerdeabteilung unterliegt. Die zweite Instanz ist daher weder an die Begründung der Beschwerde, noch an die gestellten Anträge gebunden[140]). Sie kann daher dem Patentsucher, auch wenn sie der Begründung seiner Beschwerde darin beitritt, daß die als patenthindernd angesehene Literaturstelle nicht entgegensteht, dennoch das Patent versagen, weil nach ihrer Auffassung der Gegenstand der Anmeldung überhaupt keine Erfindung bildet. Die Beschwerdeabteilung kann ferner von Amts wegen alle zur Aufklärung der Sache erforderlichen Ermittlungen vornehmen (§§ 25 u. 26 Abs. 3 des PG.) und z. B. von Amts wegen einer in Frage kommenden, in erster Instanz nicht berücksichtigten offenkundigen Vorbenutzung nachgehen und darüber Zeugenvernehmungen veranlassen. Ist das Patent ungeachtet eines auf Entnahme gestützten Einspruchs erteilt, so hat die Beschwerdeabteilung auf Beschwerde des Einsprechenden nicht nur zu prüfen, ob Entnahme vorliegt, sondern sie hat zunächst dazu Stellung zu nehmen, ob die angemeldete Erfindung überhaupt patentfähig ist. Verneint sie dies, so ist das Patent von Amts wegen zu versagen, ohne daß in eine Prüfung der behaupteten Entnahme eingetreten wird.

Kommt die Beschwerdeabteilung bei ihrer Prüfung zu einer Auffassung, welche für den Beschwerdeführer noch ungünstiger

---

139) Bl. 1907 S. 2 PA.

140) Vgl. hierzu GR. 1908 S. 242f.

ist als die Auffassung der ersten Instanz, so hat sie diese Auffassung ohne Rücksicht auf die gestellten Anträge zur Geltung zu bringen[141]). Beantragt z. B. ein Einsprechender im Wege der Beschwerde nur die Versagung eines einzelnen von mehreren Ansprüchen, so kann die Beschwerdeabteilung das Patent im vollen Umfange versagen, und zwar nicht nur in dem Falle, daß neues Material beigebracht wird, sondern auch schon dann, wenn die Beschwerdeabteilung ohne weiteres Material in der Frage der Patentfähigkeit einen von der ersten Instanz abweichenden Standpunkt einnimmt. Dasselbe gilt, wenn in erster Instanz auf Grund erhobenen Einspruchs einer von mehreren Ansprüchen versagt ist und nunmehr der Patentsucher im Wege der Beschwerde beantragt, ihm außer den bereits gewährten Ansprüchen auch den in erster Instanz aberkannten Anspruch noch zu bewilligen. Diese Befugnis der Beschwerdeabteilung, über den vom Beschwerdeführer gestellten Antrag hinaus die gesamte Anmeldung zu prüfen, kann auch dem Patentsucher selbst zugute kommen, insofern dieser auf die Beschwerde eines Einsprechenden hin, der die Sache in zweiter Instanz anhängig gemacht hat, beantragen kann, daß nicht nur der in erster Instanz gewährte Anspruch aufrechterhalten bleibt, sondern auch ein zweiter, ihm von der Anmeldeabteilung versagter Anspruch bewilligt wird.

Das Patentamt läßt in sinngemäßer Anwendung der Zivilprozeßordnung die Anschlußbeschwerde des Gegners zu.

Das Beschwerdeverfahren ist kein Parteiverfahren. Der Einsprechende, welcher als Beschwerdeführer das Verfahren zweiter Instanz anhängig gemacht hat, wird dadurch nicht zum Herrn dieses Verfahrens. Ist er Vertreter der Allgemeinheit, so dient seine Beschwerde ebenso wie sein Einspruch dem allgemeinen Interesse. Um die Allgemeinheit vor einem nichtigen Patente zu bewahren, ist ihm das Recht verliehen, im Wege der Beschwerde die Nachprüfung auf Patentfähigkeit in einer zweiten Instanz herbeizuführen. Hierin sowie in der Beteiligung am Verfahren zweiter Instanz erschöpft sich aber auch sein Recht. Der Einsprechende ist daher als Beschwerdeführer nicht

[141]) Bl. 1909 S. 32 PA.

befugt, die anhängig gewordene Sache der zweiten Instanz dadurch wieder zu entziehen, daß er die von ihm erhobene Beschwerde zurücknimmt. Er vermag zwar durch seine Erklärung aus dem Verfahren auszuscheiden, aber sein Ausscheiden hat auf den Fortgang des Verfahrens keinen Einfluß. Die Beschwerdeabteilung hat daher auf Grund des zu ihrer Kenntnis gelangten Materials gegebenenfalls das Patent zu versagen, selbst wenn der Einsprechende, vielleicht infolge einer Einigung mit dem Patentsucher, seine Beschwerde zurückzieht[142]). Ein gleiches gilt von der Beschwerde des Patentsuchers. Auch der Patentsucher ist nicht befugt, bei einer ihm drohenden Patentversagung die im öffentlichen Interesse stattfindende amtliche Prüfung dadurch zu beenden, daß er, um ein in erster Instanz ihm erteiltes beschränktes Patent zu retten, die von ihm erhobene Beschwerde zurückzieht[143]). Selbstverständlich steht es dagegen dem Patentsucher jederzeit frei, das Verfahren dadurch zu beenden, daß er die Anmeldung zurückzieht, und diese Wirkung kommt auch der Zurücknahme einer von ihm eingelegten Beschwerde zu, wenn das Patent in erster Instanz versagt ist. Ist wegen Entnahme Einspruch erhoben und hat der Einsprechende gegen die in erster Instanz erfolgte Patenterteilung Beschwerde erhoben, so ist damit nicht nur der Streit über die Entnahme in zweiter Instanz anhängig gemacht, sondern diese Instanz ist auch mit der Frage der Patentfähigkeit befaßt. Die Zurücknahme der Beschwerde hat daher auch hier nur die Wirkung, daß der Einsprechende aus dem Verfahren ausscheidet und der Streit über die Entnahme damit erledigt ist. Dagegen bleibt die zweite Instanz mit der amtlichen Prüfung befaßt, und sie ist nicht gehindert, das Patent zu versagen, wenn sie die Patenterteilung aus amtlichen Gründen nicht für gerechtfertigt erachtet[144]).

---

[142]) GR. 1907 S. 5; 1908 S. 246.

[143]) Kohlers Festgabe S. 209.

[144]) Die Praxis des Patentamts steht in allen diesen Fragen auf einem anderen Standpunkt; sie nimmt an, daß mit der Zurücknahme der Beschwerde das Verfahren endigt und der Beschluß erster Instanz rechtskräftig wird.

Erweist sich nach dem Ergebnisse der mündlichen Verhandlung die Anmeldung als zur Entscheidung reif, so wird der auf Grund der Beratung gefaßte Beschluß in der Regel sogleich mündlich verkündet.

Es ist streitig, welche rechtliche Bedeutung dieser mündlichen Verkündigung zukommt. Hierüber ist folgendes zu bemerken.

Es ergibt sich im Erteilungsverfahren ganz von selbst, daß im Anschlusse an eine mündliche Verhandlung der Vorprüfer oder die Abteilung dem Anmelder kundgibt, ob die bisher bestehenden Bedenken durch die Verhandlung beseitigt sind und in welchem Sinne die Anmeldung nunmehr weiterzubehandeln ist. Diese mündliche Kundgebung entspricht jedenfalls nicht dem Erfordernisse der Schriftlichkeit und macht eine schriftliche Mitteilung nicht überflüssig[145]). Sie ist auch ebensowenig verbindlich, wie die schriftliche Mitteilung selbst verbindlich ist, die nur den Charakter einer Zwischenverfügung hat, von der das Patentamt bei einer Änderung in seiner Auffassung jederzeit wieder abgehen kann. In gleicher Weise hat sich wohl die Übung entwickelt, daß das Patentamt auch dann, wenn es sich nicht um eine Zwischenverfügung, sondern um die Endentscheidung handelt, dem Anmelder und den etwa sonst Beteiligten im Anschlusse an die mündliche Verhandlung das Ergebnis der Beratung sofort mitteilt. Die Beteiligten haben naturgemäß den Wunsch, so schnell als möglich zu erfahren, was sie zu erwarten haben, und das Patentamt hat keinen Grund, ihnen das Ergebnis der Beratung noch länger vorzuenthalten, wenn darüber Zweifel im Kollegium nicht mehr bestehen. Hat auch hier die Verkündung der Entscheidung nur die Bedeutung einer unverbindlichen Mitteilung, so ergibt sich dabei das Bedenken, daß der obsiegende Teil das mitgeteilte Ergebnis der Beratung als eine feststehende Tatsache betrachtet, nach welcher er sein weiteres Handeln einrichtet, während der unterliegende Teil bemüht sein wird, nachträglich durch weitere Behauptungen und Beweisantretung die ihm drohende Entscheidung abzuwen-

---

145) Vgl. oben S. 49.

den und das Patentamt zu einer andern Auffassung zu bringen. So kann es unter Umständen dazu kommen, daß demnächst eine andere Entscheidung beschlossen und zugestellt wird, die zwar als die vielleicht richtigere Entscheidung vor der früher in Aussicht genommenen den Vorzug verdient, den unterliegenden Teil aber in dem Falle hart schädigen kann, daß dieser im Vertrauen auf die frühere Mitteilung bereits geschäftliche Dispositionen getroffen hatte. Diese Erwägung muß es bedenklich erscheinen lassen, eine Endentscheidung mündlich zu verkünden, wenn die Verkündung nicht verbindlich ist. Dagegen fällt das Bedenken fort, wenn man annimmt, daß die Verkündung der Entscheidung rechtsgültig und eine nachträgliche Änderung ausgeschlossen ist.

Die Praxis des Patentamts legt der Verkündung der Entscheidung, ungeachtet des § 15 des PG., verbindliche Kraft bei[146]).

Dieser Auffassung vermögen wir nicht beizustimmen[147]). Eine mündliche Verkündung der Entscheidung ist im Patentgesetze nicht vorgesehen, und ihre Zulässigkeit als rechtsgültiger Akt läßt sich auch mit der Analogie der Zivilprozeßordnung nicht begründen. Die Zivilprozeßordnung enthält besondere Formvorschriften, welche die verkündete Entscheidung nachzuweisen bestimmt sind. Über die mündliche Verhandlung ist ein besonderes Protokoll aufzunehmen, das vom Vorsitzenden und dem Gerichtsschreiber, einer zur Beglaubigung besonders berufenen Amtsperson, zu unterschreiben ist (§§ 159 und 163 ZPO.). Das Protokoll hat Beweiskraft (§ 164). Die ergehenden Entscheidungen sind durch Aufnahme in das Protokoll festzustellen, sofern sie nicht dem Protokolle schriftlich beigefügt sind (§ 160 Ziffer 5). Die Verkündung der Entscheidungen ist in das Protokoll aufzunehmen (§ 160 Ziffer 6). Die Verkündung des Urteils erfolgt durch Vorlesung der Urteilsformel (§ 311). An solchen Formvorschriften fehlt es für das Patenterteilungsverfahren gänz-

[146]) Bl. 1904 S. 264 PA. und Bl. 1908 S. 8 PA. Vgl. auch RG. das. S. 9.

[147]) Vgl. auch Lutter, Die mündliche Verkündung einer Entscheidung im Patenterteilungsverfahren im GR. 1909 S. 14.

lich, obwohl doch die Patenterteilung nicht nur für den Anmelder, sondern auch für die unter Umständen nicht einmal durch einen Einsprechenden in der Verhandlung vertretene Allgemeinheit Recht schaffen soll. Daß tatsächlich auch beim Patentamte darüber Aufzeichnungen stattfinden, ob eine Patenterteilung beschlossen und verkündet ist, hat keine rechtliche Bedeutung. In Ermangelung einer die Verkündung zulassenden ausdrücklichen Bestimmung ist hiernach nicht anzunehmen, daß die bloße Verkündung eines vom Kollegium in mündlicher Beratung gefaßten Beschlusses durch den Vorsitzenden, also das verhallende und keiner Beurkundung bedürfende Wort, bereits ein gültiges Patent zur Entstehung bringe.

Selbstverständlich macht auch nach Auffassung des Patentamts die mündliche Verkündung der Entscheidung deren schriftliche Ausfertigung und Zustellung an die Beteiligten nicht überflüssig.

Die Beschwerdeabteilung kann in ihrer Entscheidung nach freiem Ermessen bestimmen, inwieweit einem Beteiligten im Falle des Unterliegens die Kosten des Beschwerdeverfahrens zur Last fallen[148]). Für die Kostenfestsetzung ist die Beschwerdeabteilung ausschließlich zuständig[149]). Die Vollstreckungsklausel für den Kostenfestsetzungsbeschluß ist vom Vollstreckungsgericht auf Ersuchen des Patentamts zu erteilen[150]).

Die Zurückzahlung der Beschwerdegebühr steht im Ermessen des Patentamts und erfolgt nach der Praxis nur ausnahmsweise aus Billigkeitsgründen[151]). Ist die Zurückzahlung in der Entscheidung nicht angeordnet, so ist damit entschieden, daß die Gebühr nicht zu erstatten ist[152]).

Gegen die von der Beschwerdeabteilung erlassenen Entscheidungen findet eine weitere Beschwerde nicht statt, und

---

148) Vgl. Bl. 1910 S. 130 PA. (Ausbleiben der Partei, die die Ladung beantragt hat, im Termin).

149) Bl. 1906 S. 322 PA.

150) Bl. 1894/95 S. 13 RG., Bl. 1907 S. 3 RG.

151) Bl. 1904 S. 200 PA.

152) Bl. 1901 S. 166 PA.

auch eine Wiederaufnahme des Verfahrens ist nicht zulässig[153]). Mit dem gemäß § 26 ergangenen Beschlusse ist das Patenterteilungsverfahren endgültig abgeschlossen.

II. Das Verfahren beim Patentamt nach der Erteilung des Patents.

Ist die Erteilung des Patents endgültig beschlossen, so erläßt das Patentamt darüber durch den Reichsanzeiger eine Bekanntmachung, die auch im Patentblatt veröffentlicht wird (§ 27 Abs. 1 des PG.). Sobald die Patentschrift gedruckt ist, fertigt das Patentamt für den Patentinhaber die Patenturkunde aus, welcher die Patentschrift[154]) mit Schnur und Siegel beigeheftet ist.

Die Ausfertigung dieser Urkunde hat nicht die Bedeutung, daß damit das erteilte Patent seinem Inhalte nach maßgebend beurkundet wird. Für den Inhalt des Patents ist lediglich der rechtskräftige Patenterteilungsbeschluß maßgebend, während die Patenturkunde nur als Legitimation des Patentinhabers zu dienen bestimmt ist. Die Patentschrift hat keine rechtliche, sondern nur tatsächliche Bedeutung.

Geht die Patenturkunde verloren, so wird auf Antrag gegen Erstattung der Kosten eine zweite Ausfertigung erteilt, die als solche bezeichnet wird.

Die Dauer des Patents ist 15 Jahre; der Lauf dieser Zeit beginnt mit dem auf die Anmeldung der Erfindung folgenden Tage und wird durch den Patenterteilungsbeschluß kalendermäßig und unabänderlich festgesetzt[155]).

Es erscheint auf den ersten Blick ungerechtfertigt, daß der Gesetzgeber den Lauf der 15 Jahre bereits mit dem auf die Anmeldung folgenden Tage beginnen läßt, während der einst-

---

153) Bl. 1910 S. 133 PA.

154) Vgl. unten S. 125ff.

155) GR. 1908 S. 120f.

weilige Patentschutz erst mit der Bekanntmachung und der endgültige Schutz sogar erst mit der Patenterteilung beginnt. Indessen ist dabei folgendes zu berücksichtigen.

Mit der Anmeldung der Erfindung wird ein Anspruch auf Patenterteilung erworben. Der Patentsucher kann also nach der Anmeldung, ohne sein Patent zu gefährden, alle diejenigen Handlungen offenkundig vornehmen, zu denen ein Patentinhaber gemäß § 4 des PG. befugt ist. Andere Personen von der gewerbsmäßigen Benutzung der Erfindung auszuschließen, ist der Patentsucher zunächst zwar noch nicht befugt. Diese Befugnis erhält er erst mit der Bekanntmachung der Erfindung, wenn sich die Patenterteilung als nicht ausgeschlossen erweist. Alsdann kann er aber auch allen denjenigen, welche in der Zwischenzeit zwischen der Anmeldung und der Bekanntmachung die Erfindung in Benutzung genommen haben, die Fortsetzung der Benutzung untersagen. Nur die Vorbenutzer, die schon vor der Anmeldung mit der Benutzung begonnen haben, sind gemäß § 5 des PG. befugt, die Erfindung weiterzubenutzen. Ein Patentsucher, welcher Patentschutz erhält, genießt also diesen Schutz im wesentlichen schon seit dem Tage der Anmeldung der erst mit der Bekanntmachung der Öffentlichkeit kundgegebenen Erfindung, während ein Patentsucher, dessen Erfindung sich nicht als patentfähig erweist, vom Patentschutze überhaupt ausgeschlossen ist. Erhält hiernach der Patentsucher in Deutschland zunächst etwas weniger als in einem Staate mit reinem Anmeldesystem, so erhält er dafür demnächst ein geprüftes Patent, das er in jedem gerichtlichen Verfahren behaupten kann.

Für das Patent sind besondere Gebühren (Jahresgebühren) zu zahlen.

Die erste Jahresgebühr im Betrage von 30 M. wird bereits mit der Bekanntmachung der Anmeldung, die einen einstweiligen Schutz begründet, fällig; sie ist innerhalb einer Frist von zwei Monaten nach der Veröffentlichung zu entrichten. Erfolgt die Zahlung nicht binnen dieser Frist, so gilt die Anmeldung als zurückgenommen.

Die folgenden Jahresgebühren sind erst nach der Erteilung des Patents, und zwar für jedes Jahr im voraus, zu entrichten.

Die Gebühr beträgt für das zweite Jahr 50 M. Die folgenden Gebühren steigen jedesmal um 50 M. Es sind also nach Ablauf des ersten Jahres 50 M., nach Ablauf des zweiten Jahres 100 M. und nach Ablauf des 14. Jahres 700 M. als Jahresgebühr zu bezahlen.

Die Gebühren werden mit Beginn eines jeden Jahres fällig. Für die Zahlung ist indessen eine Frist von 6 Wochen gewährt. Nach Ablauf der Frist kann die Zahlung nur noch unter Zuschlag einer Gebühr von 10 M. innerhalb einer weiteren Frist von 6 Wochen, welche sich unmittelbar an die erste Frist anschließt, erfolgen. Ist auch diese Frist ohne Zahlung verstrichen, so erlischt das Patent, und zwar mit Ablauf des letzten Tages der Frist für die Gebührenzahlung[156]). Eine Wiedereinsetzung in den vorigen Stand kennt das Gesetz nicht.

Die Zahlung der Jahresgebühr ist nicht als Entrichtung einer Schuld an das Patentamt aufzufassen. Es steht vielmehr im freien Belieben des Patentinhabers, ob er die Gebühr bezahlen will oder nicht. An die Nichtzahlung ist nur die Folge des Erlöschens des Patents geknüpft.

Die Zahlung der Jahresgebühr kann auch ohne Auftrag des Patentinhabers durch eine dritte Person, die vielleicht an der Aufrechterhaltung ein eigenes Interesse hat, erfolgen. Die bloße Tatsache der Zahlung genügt zur Aufrechterhaltung des Patents. Die Legitimation des Zahlenden wird nicht geprüft, die Zurückzahlung einer Gebühr, deren Zahlung die Verlängerung des Patents bewirkt hat, findet nicht statt[157]).

Die Jahresgebühr muß innerhalb der gesetzlichen Frist voll bezahlt werden. Ist der fehlende Betrag auch noch so gering, so erlischt das Patent. Teilzahlungen werden an den Einzahler zurückerstattet.

Die Bestimmung des gezahlten Geldes muß so genau angegeben sein, daß der Zweck der Zahlung, als Jahresgebühr für ein bestimmtes Patent zu dienen, außer Zweifel steht. Ein

---

[156]) Bl. 1907 S. 116 OLG. Hamburg; Bl. 1912 S. 109 OLG. Celle; anders Bl. 1900 S. 197 LG. Halberstadt.

[157]) Bl. 1912 S. 218 PA.

Irrtum in der Angabe des Aktenzeichens ist unschädlich, wenn der Zweck der Zahlung aus den Umständen sich klar ergibt[158]).

Darüber, in welcher Weise die Zahlung erfolgen kann und welcher Tag als Zahlungstag gilt, wird auf Abschnitt 2 verwiesen

Einem Patentinhaber, welcher seine Bedürftigkeit nachweist, können die Gebühren für das erste und zweite Jahr der Dauer des Patents bis zum dritten Jahre gestundet und, wenn das Patent im dritten Jahre erlischt, erlassen werden (§ 8 Abs. 4 des PG.). Der Nachweis der Bedürftigkeit setzt nicht gerade die Beibringung eines polizeilichen Armutsattestes voraus. Es genügt der Nachweis, daß der Patentinhaber ohne erhebliche Beeinträchtigung des Unterhaltes für sich und seine Familie die Gebühr nicht wohl zu zahlen in der Lage ist, und die Art des Nachweises ist an keine Form gebunden. Das Stundungsgesuch muß vor Ablauf der Frist[159]), also für die erste Jahresgebühr innerhalb der Frist von zwei Monaten nach Bekanntmachung der Anmeldung und für die zweite Jahresgebühr innerhalb der Frist von 12 Wochen nach Ablauf des ersten Patentjahres, gestellt werden, weil mit Ablauf dieser Fristen das Patent erlischt. Dagegen kann der Nachweis der Bedürftigkeit auch nach Ablauf der Frist noch erbracht werden. Ist das Stundungsgesuch abgelehnt, weil der Beweis der Bedürftigkeit nicht erbracht ist, so findet gegen die Ablehnung Beschwerde gemäß § 16 des PG. statt. Bei Ablehnung des Gesuchs schreitet die Anmeldeabteilung daher nicht sofort zur Bekanntmachung der Zurücknahme der Anmeldung oder zur Löschung des Patents, sondern sie setzt dem Antragsteller bei der Zustellung des Beschlusses eine Frist für die Einreichung der Beschwerde. Der in erster Instanz versäumte Nachweis der Bedürftigkeit kann in zweiter Instanz nachgeholt oder ergänzt werden[160]).

Ist die Stundung der Gebühr beantragt, so wird der Nachweis der Bedürftigkeit nicht dadurch überflüssig, daß die Gebühr nach Ablauf der Frist bezahlt wird. In diesem Falle bedarf es

---

158) Bl. 1906 S. 247 PA. Vgl. aber auch Bl. 1904 S. 394 PA.

159) Bl. 1900 S. 17 PA., Bl. 1906 S. 7 PA.

160) Bl. 1911 S. 215 PA.

vielmehr einer Stundung der Gebühr für die Zeit bis zur Zahlung. Kann der erforderliche Nachweis nicht erbracht werden und wird deshalb das Stundungsgesuch abgelehnt, so erlischt das Patent, weil die fällige Gebühr zu spät gezahlt ist.

Mit dem Antrage auf Stundung der ersten Jahresgebühr kann der Antrag verbunden werden, demnächst für den Fall der Erteilung des Patents auch die zweite Jahresgebühr zu stunden. Es wird dann über beide Anträge zugleich entschieden.

Es empfiehlt sich nicht, die Stundung nur für kürzere Zeit zu beantragen. Ist ein solcher Antrag gestellt und bewilligt, so entsteht die Frage, ob dem Antragsteller nach Eintritt des Fälligkeitstermins noch die Frist von zweimal sechs Wochen zur Zahlung der Gebühr freisteht. Diese Frage wird zu bejahen sein, denn es entspricht der Stundung, daß vor Eintritt des Fälligkeitstermins die Gebühr nicht bezahlt zu werden braucht. Soll dem Patentinhaber die Stundung voll zugute kommen, so kann das Patent nicht schon mit Eintritt des Fälligkeitstermins ohne Zahlung sofort verfallen.

Sind die ersten sechs Wochen ohne Zahlung verstrichen, so kann die Zahlung nur unter Entrichtung einer Zuschlagsgebühr von 10 M. nachgeholt werden. Wird indessen die Stundung während der zweiten sechs Wochen beantragt und demnächst bewilligt, so braucht die Zuschlagsgebühr nicht entrichtet zu werden[161]). Der Gesetzgeber sagt nicht, daß mit Ablauf der ersten Frist eine Zuschlagsgebühr von 10 M. fällig werde, sondern er sagt, daß die Zahlung nur unter Zuschlag einer Gebühr von 10 M. erfolgen könne. Wird nun die Gebühr für die ersten zwei Jahre bis zum dritten Jahre gestundet, so hat die Zahlung erst in Verbindung mit der dritten Jahresgebühr zu erfolgen. Erst mit Beginn des dritten Jahres wird dann die gestundete Gebühr fällig, und sie ist zugleich mit der dritten Jahresgebühr innerhalb sechs Wochen nach der Fälligkeit zu entrichten (§ 8 Abs. 3 Satz 1). Erfolgt dann die Zahlung des gesamten fällig gewordenen Betrages innerhalb dieser Frist, so ist eine Zuschlagsgebühr überhaupt nicht zu entrichten. Dem

---

[161]) Anders die Praxis des Patentamts.

läßt sich auch nicht entgegenhalten, daß der Patentinhaber, der erst innerhalb der zweiten sechs Wochen die Stundung beantragt hat, sich einer Säumnis schuldig gemacht hat, für die er mit 10 M. bestraft werden müsse. Denn in der Unterlassung der Zahlung ist eine Säumnis nicht zu finden, da durch die Bewilligung der Stundung anerkannt ist, daß der Patentinhaber wegen Unvermögens die Gebühr zu zahlen nicht in der Lage war. Dafür aber, daß der Patentinhaber mit 10 M. zu bestrafen sei, weil er sein Stundungsgesuch nicht schon innerhalb der ersten sechs Wochen eingereicht hat, gibt das Gesetz keinerlei Anhalt. Die Verspätung wird in vielen Fällen auch nur darauf beruhen, daß der Patentinhaber bis zum letzten Augenblick bemüht gewesen ist, das Geld für die Gebühr zusammenzubringen. Erfolgt die Zahlung der Gebühr für die ersten drei Jahre erst während der zweiten sechs Wochen, so ist allerdings ein Zuschlag zu entrichten, der aber, wie hier auch die Praxis des Patentamts anerkennt[162]), nur 10 M. beträgt, weil nur eine Säumnis vorliegt.

Die Stundung der Gebühr bleibt fortbestehen, auch wenn der Patentinhaber später zu Vermögen kommt oder wenn das Patent in andere Hände übergeht[162a]). Denn durch die Stundung ist der Fälligkeitstermin für die Gebühr hinausgeschoben. Dieser Fälligkeitstermin muß, da die Nichtzahlung das Erlöschen des Patents zur Folge hat, unter allen Umständen in Kraft bleiben; er kann nicht davon abhängig sein, ob in der Person des späteren Erwerbers die Voraussetzungen für eine Stundung gleichfalls gegeben sind, noch auch, ob der Patentinhaber nachträglich Vermögen erworben hat. Jeder Versuch, hier eine andere Regelung zu treffen, führt zu Ergebnissen, die mehr oder minder willkürlich sind und im Gesetze keine Stütze finden. Im Falle eines Verkaufs des Patents würde es auch auf Kosten des vermögenslosen Patentinhabers gehen, wenn der Wechsel in der Person den Wegfall der Stundung zur Folge hätte, da der Käufer des Patents die fällig werdende Gebühr dem bisherigen Patentinhaber in Abzug bringen würde.

[162]) Bl. 1894/95 S. 270 PA.

[162a]) Vgl. auch Rathenau, Ind. 1914 S. 1.

Ist ein Patent mehreren Personen erteilt, so kann die Gebühr nur dann gestundet werden, wenn bei einem jeden der verschiedenen Inhaber die Voraussetzungen für die Stundung gegeben sind. Das Patentamt hat keinen Anlaß, die Gebühr zu stunden, wenn einer der beteiligten Inhaber die Gebühr zu zahlen in der Lage ist. Erachtet dieser selbst das Patent als so wenig wertvoll, daß dieses nach seiner Ansicht die Jahresgebühr nicht trägt, so liegt es im allseitigen Interesse, daß ein von dem eigenen Inhaber so gering bewertetes Patent zum Erlöschen kommt. Legt einer der anderen Inhaber, der selbst vermögenslos ist, besonderen Wert auf das Patent, so wird es ihm nicht schwer fallen, seine Mitinhaber, die das Patent fallen lassen wollen, zu einem Verzicht auf das Patent zu bewegen, und er ist dann als alleiniger Inhaber in der Lage, unter Nachweis seines Unvermögens die Stundung zu beantragen. Man hat hier wohl den Ausweg gewählt, bei mehreren Patentinhabern das Patent, für das die Jahresgebühr nicht bezahlt ist, nur in der Person desjenigen aufrechtzuerhalten, dem die Gebühr gestundet wird, dagegen das Patent für alle übrigen Patentinhaber als erloschen anzusehen. Indessen scheint uns dieser Ausweg nicht gangbar zu sein. Denn dem Patentamte gegenüber ist niemand, auch nicht der Patentinhaber, zur Entrichtung der Jahresgebühren verpflichtet. Die Nichtzahlung der Gebühr hat lediglich das Erlöschen des Patents zur Folge, während jede Zahlung, auch die eines Dritten, das Patent aufrechterhält. Behält aber der Patentinhaber sein Patent, auch wenn die Zahlung nicht durch ihn, sondern durch einen Dritten bewirkt wird, so wird man auch annehmen müssen, daß ein Patent für sämtliche Patentinhaber in Kraft bleibt, wenn einer von ihnen durch eine für zulässig erachtete Stundung das Patent aufrechterhält. Denn wenn die Nichtzahlung der Gebühr seitens eines einzelnen Patentinhabers bei Zahlung durch einen Mitinhaber oder durch einen Dritten keinen Verzicht des nicht zahlenden Patentinhabers auf seine Patentrechte enthält, so kann auch in der Nichtzahlung für den Fall, daß die Gebühr dem Mitinhaber auf Antrag gestundet wird, kein Verzicht gefunden werden.

Wegen der Berechnung der Fristen wird auf Abschnitt 4

verwiesen. Die zweite Frist von sechs Wochen schließt sich unmittelbar an die erste Frist an, auch wenn der letzte Tag der ersten Frist ein Feiertag ist.

Die Zahlung der Gebühren kann vor Eintritt der Fälligkeit erfolgen. Wird auf das Patent verzichtet oder wird es für nichtig erklärt oder zurückgenommen, so erfolgt die Rückzahlung der nicht fällig gewordenen Gebühren.

Die Gebührenpflicht der Zusatzpatente ist bereits in Abschnitt 6 behandelt worden.

Ist eine Patentgebühr nicht innerhalb sechs Wochen nach der Fälligkeit entrichtet, so benachrichtigt das Patentamt hiervon den Patentinhaber. Aus dem Umstande, daß der Patentinhaber eine Benachrichtigung nicht erhält, erwachsen Rechtsfolgen nicht (§ 15 der K. Verordnung vom 11. 7. 1891). Das Patentamt und seine Beamten sind also nicht zum Schadenersatze verpflichtet, wenn dem Patentinhaber keine Nachricht von dem Ablauf der ersten Frist übersandt worden ist und das Patent demnächst wegen Nichtzahlung der Gebühr verfällt.

Die zweite Jahresgebühr und die späteren Jahresgebühren werden nicht vor Erteilung des Patents fällig. Erstreckt sich nun das Patenterteilungsverfahren über ein Jahr oder sogar über mehrere Jahre hinaus, so wird der Fall praktisch, daß sofort mit der endgültigen Erteilung des Patents die Jahresgebühren fällig werden. Der Zeitpunkt der endgültigen Patenterteilung, an welchen sich in analoger Anwendung des § 8 Abs. 3 des PG. die beiden Fristen von je sechs Wochen knüpfen, ist daher für die Aufrechterhaltung des Patents von der größten Bedeutung, weil die Nichtzahlung der Jahresgebühren innerhalb der gegebenen Fristen den Verfall des Patents nach sich zieht.

Nach der Praxis des Patentamts gilt ein Beschluß, durch welchen den Anträgen des Patentsuchers gemäß das Patent erteilt wird, sofern Einspruch nicht erhoben wurde, sofort mit der Zustellung als rechtskräftig. Hier wird also die zweite Jahresgebühr, wenn bereits ein Jahr seit der Anmeldung des Patents verstrichen ist, und die zweite und dritte Jahresgebühr, wenn bereits zwei Jahre seit diesem Zeitpunkte verstrichen sind, sofort mit der Zustellung des Beschlusses fällig.

Ein Beschluß, durch den das Patent trotz Einspruchs den Anträgen des Patentsuchers gemäß erteilt ist, kann nach der Praxis des Patentamts nur vom Einsprechenden angefochten werden. Hier wird der Beschluß, wenn vom Einsprechenden keine Beschwerde erhoben ist, einen Monat nach der Zustellung an den Einsprechenden rechtskräftig. Mit diesem Zeitpunkt wird also auch die zweite Jahresgebühr fällig, wenn seit der Anmeldung des Patents bereits ein Jahr verstrichen ist.

Ein Beschluß, durch den das Patent mit Beschränkung erteilt ist, kann sowohl vom Patentsucher als auch vom Einsprechenden angefochten werden. Hier wird die Patenterteilung, wenn Beschwerde nicht erhoben ist, einen Monat nach der letzten Zustellung endgültig. Mit diesem Zeitpunkte wird also die zweite Jahresgebühr fällig, wenn seit der Anmeldung bereits ein Jahr verstrichen ist.

Hieraus ergeben sich für den Fall, daß der Einsprechende auf Einlegung einer ihm zustehenden Beschwerde verzichtet oder eine von ihm eingelegte Beschwerde zurücknimmt, mißliche Konsequenzen[163]). Nimmt der Einsprechende die von ihm rechtzeitig erhobene Beschwerde nach Ablauf der Beschwerdefrist zurück, so wird damit nach der herrschenden Auffassung die Patenterteilung endgültig. Es werden folglich die Patentgebühren fällig, auch ohne daß dies dem Patentsucher mitgeteilt wird. Falls etwa die Mitteilung an den Patentsucher versehentlich gänzlich unterbleibt, kann dies das Erlöschen des Patents wegen Nichtzahlung der Gebühren zur Folge haben, ohne daß das Patentamt schadenersatzpflichtig ist (K. Verordn. vom 11. 7. 1891, § 15). Verzichtet der Einsprechende, wenn durch den Erteilungsbeschluß den Anträgen des Patentsuchers voll entsprochen ist, auf Beschwerde, so wird hierdurch nach der herrschenden Ansicht der Beschluß vor Ablauf der Beschwerdefrist rechtskräftig, und es werden damit die Patentgebühren fällig, ohne daß der Patentsucher, sofern ihm nicht eine besondere Mitteilung gemacht wird, davon Kenntnis erhält.

Das Patentamt stellt sich demgegenüber auf den Standpunkt, daß es Sache des Anmelders ist, sich entweder durch

[163]) Vgl. dagegen Kohlers Festschrift S. 221f.

Nachfrage beim Patentamt Gewißheit darüber zu verschaffen, ob und wann der Erteilungsbeschluß endgültig geworden ist, oder vorsorglich die fälligen Jahresgebühren einzuzahlen[164]).

Eine unzulässige Beschwerde hemmt, wenn sie rechtzeitig erhoben ist, den Eintritt der Rechtskraft. Die Rechtskraft tritt hier erst mit Zustellung des Beschlusses der Beschwerdeabteilung, durch welchen die Beschwerde als unzulässig verworfen wird, ein. Erst mit diesem Zeitpunkte wird also die zweite Jahresgebühr fällig, wenn seit der Anmeldung des Patents bereits ein Jahr verstrichen ist[165]). Eine verspätete Beschwerde vermag dagegen den Eintritt der Rechtskraft nicht zu hemmen, denn hier ist die Rechtskraft bereits eingetreten, und sie kann folglich durch eine verspätete Beschwerde nicht wieder beseitigt werden.

Die Jahresgebühren haben nicht etwa nur den Zweck, eine Einnahmequelle für das Reich zu bilden, sondern sie sollen vor allem dazu dienen, die Industrie von wertlosen Patenten zu befreien. Dem letzteren Zwecke entspricht es, daß ihr Betrag progressiv geregelt ist.

Der Gesetzgeber hat die Anmeldegebühr auf den niedrigen Betrag von 20 M. festgesetzt, der zu den sonstigen Kosten, die ein Erfinder aus Anlaß seiner Anmeldung zu übernehmen pflegt, in keinem Verhältnis steht. Für diesen Betrag wird die in vielen Fällen äußerst mühevolle und schwierige Prüfung der Anmeldung ausgeführt. Da nun der größte Teil der patentierten Erfindungen, wie die Statistik beweist, praktisch so gut wie wertlos ist und die meisten Erfinder alsbald nach der Patenterteilung die Erfahrung machen müssen, daß die überspannten Hoffnungen, die sie auf die Verwertung ihrer Erfindung gesetzt hatten, sich nicht erfüllen, so ist es für die Erfinder besonders empfindlich, daß gerade zu dem Zeitpunkte, wo die Schwierigkeit einer Verwertung ihnen bewußt zu werden beginnt, von ihnen in Gestalt von Jahresgebühren Geldopfer verlangt werden, denen sie sich nur dadurch entziehen können, daß sie sich ent-

---

164) Bl. 1906 S. 183 PA.

165) Bl. 1909 S. 31 PA, Bl. 1913 S. 189 PA. und Kohlers Festschrift S. 215.

schließen, auf das Patent zu verzichten und damit endgültig allen Hoffnungen zu entsagen. In den Vorwürfen, die aus diesem Anlaß gegen die hohen Gebühren gerichtet werden, ist daher ein gut Teil Enttäuschung über den Fehlschlag, der mit der Erfindung gemacht ist, mit enthalten. Es ist nicht ganz leicht, hier eine richtige gesetzgeberische Lösung zu finden. Eine wesentliche Erschwerung der Anmeldung durch eine hohe Anmeldegebühr würde zwar dazu dienen, eine große Zahl von wertlosen Erfindungen auszuscheiden und deren Erfinder vor Enttäuschungen und nutzlosen Ausgaben zu bewahren, zugleich aber bei der großen Schwierigkeit, die Bedeutung einer Erfindung im voraus zu übersehen, die Gefahr in sich schließen, daß wirklich wertvolle Erfindungen damit für die Industrie verloren gingen.

Durch Beschluß des Bundesrates kann eine Herabsetzung der Gebühren angeordnet werden. Von der ihm zustehenden Ermäßigung hat der Bundesrat indessen bisher keinen Gebrauch gemacht.

Bei dem Patentamt wird eine Rolle geführt, welche den Gegenstand und die Dauer der erteilten Patente sowie den Namen und Wohnort der Patentinhaber und ihrer bei Anmeldung der Erfindung etwa bestellten Vertreter angibt. Der Anfang, der Ablauf, das Erlöschen, die Erklärung der Nichtigkeit und die Zurücknahme der Patente sind, unter gleichzeitiger Bekanntmachung durch den Reichsanzeiger, in der Rolle zu vermerken.

Tritt in der Person des Patentinhabers oder seines Vertreters eine Änderung ein, so wird dieselbe, wenn sie in beweisender Form zur Kenntnis des Patentamts gebracht ist, ebenfalls in der Rolle vermerkt und durch den Reichsanzeiger veröffentlicht. Solange dieses nicht geschehen ist, bleiben der frühere Patentinhaber und sein früherer Vertreter nach Maßgabe des Patentgesetzes berechtigt und verpflichtet (§ 19 des PG.)[166]).

Die eingetretene Änderung wird nur dann in der Rolle ver-

[166]) Die Übertragung des Patentrechts bedarf an und für sich nach bürgerlichem Recht keiner besonderen Form (vgl. Beitrag IV S. 33).

merkt, wenn sie zur Kenntnis des Patentamts gebracht wird. Dies bedeutet, daß eine Eintragung von Amts wegen nicht stattfindet. Die Eintragung setzt vielmehr einen Antrag voraus, und dieser Antrag kann nach der Praxis des Patentamts nur von einem Beteiligten gestellt werden. Einer besonderen Form bedarf der Antrag ebensowenig, wie andere beim Patentamt gestellte Anträge. Die beweisende Form, welche erforderlich ist, wenn die Änderung in der Rolle vermerkt werden soll, bezieht sich nicht auf den Akt des „Zurkenntnisbringens", sondern auf die eingetretene Änderung.

Die eingetretene Änderung muß in beweisender Form zur Kenntnis des Patentamts gebracht werden. Dies legt, streng genommen, dem Patentamt beim Übergang des Patentrechts die Pflicht auf, auf Grund des vorgelegten Materials selbst die Prüfung vorzunehmen, ob sich danach der Übergang rechtsgültig vollzogen hat. Bei dieser Prüfung ist indessen das Patentamt alsbald auf Schwierigkeiten gestoßen, da der Beweis des materiell-rechtlichen Rechtsüberganges, zumal in beweisender Form, unter Umständen nur schwer zu erbringen war. Das Patentamt wurde daher vor die Frage gestellt, ob es nicht genüge, wenn statt dieses Beweises die Erklärung des Veräußerers, daß er in die Umschreibung willige, in beglaubigter Form beigebracht werde. Diese Frage hat die Praxis bejaht, und zwar von der Erwägung aus, daß es dem Gesetze doch auch genügen muß, wenn der Hauptbeteiligte sich in beglaubigter Form mit dem einverstanden erklärt, was die Wirkung des ganzen Aktes sein soll, nämlich mit der Umschreibung selbst. Diese Praxis war bereits im Jahre 1890 entwickelt und kam im Patentblatt 1890, S. 215 zum Ausdruck. Danach genügt zur Eintragung einer Änderung in der Person des Patentinhabers in der Patentrolle der einfache schriftliche Antrag des Erwerbers oder bisherigen Patentinhabers, welchem die beglaubigte, auf Eintragung gerichtete Erklärung des bisherigen Patentinhabers beigefügt ist. Ausreichend ist auch der bloße beglaubigte Antrag des Patentinhabers, sobald aus demselben zu entnehmen ist, daß der Wille des Patentinhabers auf Eintragung des neuen Erwerbers in die Patentrolle gerichtet ist.

Unter dieser Praxis ergab sich indessen das Bedenken, daß lediglich auf Grund einer beglaubigten Erklärung des bisherigen Patentinhabers der Name einer Person in die Patentrolle eingetragen werden konnte, von welcher weder feststand, ob sie das Patentrecht wirklich erworben habe, noch auch, ob sie mit der Eintragung in die Rolle überhaupt einverstanden sei. Um diesem Bedenken zu begegnen, wurde dann noch weiter für erforderlich erachtet, daß das Einverständnis des neuen Erwerbers mit der Umschreibung irgendwie in die Erscheinung getreten sein müsse. Für die Umschreibung des Patents in der Rolle auf Grund eines gestellten Antrages genügt es hiernach, wenn der bisherige Patentinhaber in beglaubigter Form sein Einverständnis mit der Umschreibung erklärt hat und wenn das Einverständnis des Erwerbers mit der Umschreibung sich aus einer gleichfalls beigebrachten (unbeglaubigten) Erklärung des Erwerbers oder auch nur aus den vorliegenden Umständen ergibt. Das Einverständnis des Erwerbers ergibt sich z. B. aus den begleitenden Umständen, wenn nicht der bisherige Inhaber, sondern der neue Erwerber den Antrag auf Umschreibung stellt, oder wenn der Erwerber einen Bevollmächtigten für die Sache ernennt, oder wenn er für seine Person eine auf die weitere Behandlung der Sache gerichtete Erklärung einreicht.

Diesen praktischen Anforderungen wird in der Regel entsprochen. Es ist dabei im Auge zu behalten, daß es sich hier nicht um formale Anforderungen handelt, welche das Patentamt zu stellen befugt ist, sondern daß das Patentamt den Beteiligten nur gestattet, den für die Umschreibung erforderlichen Nachweis der Rechtsübertragung durch Beibringung einer beglaubigten Urkunde zu führen, in welcher der bisherige Inhaber die Umschreibung bewilligt. Es steht den Beteiligten also völlig frei, anstatt sich dieser Form zu bedienen, auch den Nachweis des Überganges des materiellen Rechtes selbst in beglaubigter Form, so wie es dem Gesetze entspricht, zu führen, und andrerseits braucht auch das Patentamt sich nicht mit der beigebrachten förmlichen Umschreibungsbewilligung zu begnügen, sondern kann, wenn es in der Sache Bedenken hat, den Nachweis des Rechtsüberganges verlangen. Die Umschreibungsbewilligung bildet also nur eine Art Äquivalent, mit welchem das Patentamt sich in der Regel begnügt. Sie ist nicht als Formalvertrag zu betrachten, bei welchem die Annahmeerklärung ein wesentliches Erfordernis bildet. Einer Annahmeerklärung im Rechtssinne bedarf es nicht. Würde diese als wesentliches Erfordernis zum Akte selbst gehören, so wäre es nicht zu umgehen, auch für sie die beweisende Form zu erfordern. Hierzu besteht kein Anlaß. Das allein Wesentliche ist vielmehr die beglaubigte Umschreibungsbewilligung des bisherigen Patentinhabers.

Handelt es sich um eine Änderung, die von Todes wegen eingetreten ist, so muß stets der Rechtsübergang selbst nachgewiesen werden; eine Umschreibungsbewilligung kommt hier nicht in Betracht. Es genügt in diesem Falle die Vorlegung des Testaments oder eines Erbscheins. Wird statt einer bloßen Ausfertigung das Original eingereicht, so kann auf Antrag gegen Erstattung der Kosten eine beglaubigte Abschrift für die Akten angefertigt und das Original zurückgegeben werden.

Wird unter Lebenden statt der Einreichung einer beglaubigten Umschreibungsbewilligung der Rechtsübergang selbst nachgewiesen, so muß der vorgelegte Vertrag die Übertragungserklärung des bisherigen Patentinhabers und die Annahmeerklärung des Erwerbers enthalten. Die Übertragungserklärung darf nicht an Bedingungen geknüpft sein[167]), und sie muß die sofortige Übertragung des Patentrechts selbst zum Gegenstande haben; ein Vertrag, der nur die Verpflichtung zur Übertragung ausspricht oder nach welchem die Übertragung von der Vollziehung einer Gegenleistung abhängig ist, genügt nicht.

Ist der Patentinhaber geschäftsunfähig oder nur beschränkt geschäftsfähig[168]), so muß im ersteren Falle die Erklärung von dem gesetzlichen Vertreter abgegeben und im letzteren Falle wenigstens die Zustimmung des gesetzlichen Vertreters beigebracht werden. Außerdem ist die Genehmigung des Vormundschaftsgerichts erforderlich[169]).

---

[167]) Bl. 1907 S. 210 PA.

[168]) Vgl. S. 20.

[169]) Vgl. §§ 1822³, 1643 u. 1686 des BGB.

Bei Ehefrauen wird die Genehmigung des Ehemannes, ohne Prüfung der Güterrechtsverhältnisse, verlangt[170]).

Der Testamentsvollstrecker ist zur Vertretung des Nachlasses befugt, sofern er ein Zeugnis des Nachlaßgerichts beibringt[171]).

Der Vorerbe braucht die Zustimmung des Nacherben nicht beizubringen.

Ist der Patentinhaber in Konkurs verfallen, so ist die Erklärung des Konkursverwalters erforderlich, der seine Bestallung vorzulegen hat.

Die Umschreibungsbewilligung oder die Übertragungserklärung kann auch durch einen Bevollmächtigten abgegeben werden, selbstverständlich unter der Voraussetzung, daß sich aus der in beweisender Form beizubringenden Vollmacht die Vertretungsbefugnis ergibt.

Sind mehrere Personen die Patentinhaber, so bedarf es einer Erklärung der sämtlichen Inhaber, falls nicht etwa nur das Mitrecht eines einzelnen Inhabers übertragen wird.

Bei offenen Handelsgesellschaften ist jeder Gesellschafter, bei Kommanditgesellschaften und Kommanditgesellschaften auf Aktien jeder persönlich haftende Gesellschafter zur Vertretung befugt, sofern nicht eine Beschränkung der Vertretungsbefugnis aus dem Handelsregister ersichtlich ist. Eine Gesellschaft mit beschränkter Haftung wird durch die Geschäftsführer, Aktiengesellschaften, Genossenschaften und rechtsfähige Vereine werden durch den Vorstand vertreten. Befindet sich die Gesellschaft in Liquidation, so ist der Liquidator allein zur Vertretung befugt. Sind mehrere Liquidatoren bestellt, so müssen diese gemeinschaftlich die erforderliche Erklärung abgeben, es sei denn, daß die Vertretungsbefugnis abweichend geregelt ist. In allen diesen Fällen muß die Vertretungsbefugnis durch einen Auszug aus dem Handelsregister, der sich auf die Zeit der Abgabe der Erklärung bezieht, oder durch Zeugnis des Registergerichts oder durch die Satzungen nachgewiesen werden.

Ist die Firma im Handelsregister bereits gelöscht, so be-

---

170) Vgl. § 1395 des BGB.

171) Vgl. § 2368 des BGB.

darf es bei offenen Handelsgesellschaften einer Erklärung sämtlicher bei der Auflösung vorhandener Gesellschafter, bei Kommanditgesellschaften der Einwilligung der persönlich haftenden Gesellschafter und der Kommanditisten. Erforderlichenfalls muß ein gesetzlicher Vertreter besonders bestellt werden.

War die Gesellschaft im Handelsregister überhaupt nicht eingetragen, so muß der schriftliche Vertrag, aus dem sich die Vertretungsbefugnis in Verbindung mit dem Gesetze ergibt, vorgelegt werden.

Ist eine Firma ohne nähere Angabe als Patentinhaber eingetragen, so bedarf es einer Umschreibung nicht, falls ein Wechsel eintritt, sofern nur die Firma dieselbe bleibt[172]). Es ist dabei unerheblich, ob an die Stelle eines Einzelkaufmanns eine offene Handelsgesellschaft oder Kommanditgesellschaft tritt.

Ist die Übertragung im Auslande vollzogen, so richtet sich der Rechtsübergang und die Vertretungsbefugnis nach dem ausländischen Recht. Das ausländische Recht muß erforderlichenfalls nachgewiesen werden. Auch hier pflegt sich das Patentamt, ebenso wie bei Übertragungen im Inlande, mit einer Umschreibungsbewilligung in beweisender Form zu begnügen.

Wohnt der Erwerber nicht im Inlande, so kann die Umschreibung erst erfolgen, wenn der Erwerber im Inlande einen Vertreter bestellt hat (§ 12 des PG.).

Hinsichtlich der Anwendung des § 181 des BGB. besteht eine feste Praxis nicht. In der Regel wird ein Unterschied gemacht, je nachdem, ob der zugleich als Vertreter Handelnde das Patent für seine eigene Person erwerben oder veräußern will. Entäußert sich der bisherige Patentinhaber des Patents in eigener Person, so pflegt seine Befugnis im Hinblick auf § 181 des BGB. nicht beanstandet zu werden. Will hingegen der zugleich als Vertreter Handelnde das Patent für sich persönlich erwerben, so bedarf es für die Übertragung der Mitzeichnung durch eine andere vertretungsberechtigte Person, eventuell einer besonderen Autorisation.

Die beweisende Form für die Übertragung unter Lebenden besteht darin, daß die Beteiligten, und zwar bei einer Um-

[172]) Bl. 1903 S. 208 PA.

schreibungsbewilligung nur der bisherige Patentinhaber, die Echtheit ihrer Unterschrift durch eine gesetzlich mit öffentlichem Glauben bekleidete Person bestätigen lassen. Eine polizeiliche Beglaubigung genügt in der Regel nicht. Wer zur Beglaubigung berufen ist, richtet sich nach den Gesetzen des Staats, in welchem die Beglaubigung erfolgt. In Deutschland ist hierfür die Landesgesetzgebung maßgebend, welche auf diesem Gebiete eine große Mannigfaltigkeit zeigt. Regelmäßig sind die Notare und die Gerichte, unter Umständen aber auch die Gerichtsschreiber, die Bürgermeister (Baden) und die Polizeidirektion (Bremen) zuständig.

Erfolgt die Beglaubigung im Auslande, so bedarf es außer der Beglaubigung unter Umständen auch des besonderen Nachweises[173]), daß die die Beglaubigung vornehmende Behörde oder Urkundsperson nach dem Rechte des beteiligten Staates für Beglaubigungen zuständig ist. Bei Notaren wird diese Zuständigkeit ohne weiteres unterstellt. Ist der Aussteller der Urkunde ein Reichsangehöriger, so genügt die Beglaubigung durch den zuständigen deutschen Konsul.

Eine Legalisation der Urkunde, die früher vielfach verlangt wurde, gilt jetzt nicht mehr als erforderlich.

Ist der bisherige Patentinhaber zur Übertragung des Patents verurteilt, so ist die erforderliche Grundlage für die Umschreibung erst gegeben, wenn das Urteil rechtskräftig geworden ist. Ein für vorläufig vollstreckbar erklärtes Urteil genügt nicht. Für die Umschreibung muß die mit Vollstreckungsklausel versehene Ausfertigung des rechtskräftigen Erkenntnisses vorgelegt werden. Das Urteil eines ausländischen Gerichts begründet die Umschreibung erst dann, wenn daraufhin der Vollstreckungsbefehl eines deutschen Gerichts bewirkt ist.

Die Versteigerung des Patents durch ein dafür zuständiges Organ bildet eine ausreichende Grundlage für die Umschreibung, wenn dem neuen Erwerber der Zuschlag endgültig erteilt ist. Gerichtsvollzieher sind zur Versteigerung von Patenten nur zuständig, wenn die Versteigerung vom Gerichte angeord-

---

173) Ein prima facie-Beweis genügt nicht (Bl. 1904 S. 9 PA.). Wegen der Zulässigkeit von Affidavits vgl. Bl. 1901 S. 130 PA.

net ist. Die Versteigerung durch eine ausländische Vollstreckungsbehörde genügt nicht[174]).

Erachtet das Patentamt die beigebrachten Nachweise nach irgendeiner Richtung hin nicht für ausreichend, um daraufhin die Umschreibung vorzunehmen, so fordert es den Antragsteller auf, die Nachweise, soweit dies angängig ist, zu ergänzen. Das Patentamt hat dabei keine Veranlassung, das Verfahren von Amts wegen zu betreiben und dem Antragsteller zur Ergänzung der Nachweise eine Frist zu setzen. Gibt das Patentamt in seiner Verfügung an, durch welche Mittel der Beweis zu ergänzen ist, so hat dies nur die Bedeutung eines Vorschlages. Es ist dem Antragsteller unbenommen, auch durch andere Mittel den Beweis zu ergänzen, vorausgesetzt, daß diese zur Ergänzung geeignet sind. Steht der Antragsteller auf dem Standpunkte, daß der erforderliche Beweis erbracht ist, während das Patentamt die beigebrachten Nachweise nicht für ausreichend hält, so muß das Patentamt den gestellten Antrag durch Entscheidung erledigen. Gegen den ablehnenden Bescheid steht dem Antragsteller gemäß § 16 des PG. das Rechtsmittel der Beschwerde zu. Der Antragsteller kann seine Beweise im Beschwerdeverfahren ergänzen. Hält die Beschwerdeabteilung den Beweis für erbracht, so hat sie die Umschreibung anzuordnen und dabei ihrerseits das zur Ausführung dieser Anordnung Erforderliche zu veranlassen. Weist die Beschwerdeabteilung die Beschwerde zurück, so ist es dem Antragsteller unbenommen, seinen Antrag unter Ergänzung der Beweise bei der Anmeldeabteilung zu wiederholen.

Einer beweisenden Form bedarf es auch dann, wenn im Erteilungsverfahren in der Person des Anmelders eine Änderung eintritt. Die hierfür geltenden Grundsätze sind die gleichen, da die eingetretene Änderung demnächst im Falle der Patenterteilung in der Rolle ihren Ausdruck finden soll.

Die Patentrolle hat für Patente nicht die gleiche rechtliche Bedeutung, welche das Grundbuch für das Eigentum an Grundstücken hat. Das Patentrecht wird seitens des Anmelders nicht

---

[174]) Bl. 1911 S. 215 PA.

erst durch Eintragung in die Rolle, sondern bereits mit Rechtskraft des Patenterteilungsbeschlusses erworben. Auch Änderungen in der Person des Inhabers vollziehen sich, wie bereits hervorgehoben wurde[175], unabhängig von der Eintragung in die Rolle. Indessen ist die Geltendmachung des Patentrechts an die Eintragung in die Rolle gebunden[176]. Nur wer in die Patentrolle eingetragen ist, ist berechtigt, das Recht aus dem Patent geltendzumachen. Dies gilt nicht nur für das Verfahren beim Patentamt, sondern auch für das gerichtliche Verfahren. Andererseits muß sich auch der als Patentinhaber Eingetragene als Inhaber des Patents in Anspruch nehmen lassen. Weder kann er selbst seine Passivlegitimation bestreiten, noch kann der wirkliche Patentinhaber geltendmachen, daß der als Inhaber in Anspruch Genommene nicht legitimiert gewesen sei, als Patentinhaber in Funktion zu treten.

Eine Eintragung des Vertreters in die Rolle findet nur dann statt, wenn der Patentinhaber im Auslande wohnt. Hier ist die Bestellung eines inländischen Vertreters ebenso wie für die Geltendmachung des Anspruchs auf die Erteilung des Patents, so auch für die Geltendmachung der Rechte aus dem Patent nach § 12 des PG. notwendig. Für den in die Rolle eingetragenen Vertreter hat die Eintragung in bezug auf seine Aktiv- und Passivlegitimation die gleiche Bedeutung wie für den eingetragenen Patentinhaber.

Legt der eingetragene Vertreter seine Vollmacht nieder oder verzichtet der Patentinhaber auf das Patent, so liegt eine Änderung im Sinne des § 19 des PG., welcher einen Wechsel in der Person voraussetzt, nicht vor. Dasselbe gilt, wenn der eingetragene Vertreter stirbt oder wenn ihm die Vollmacht entzogen wird. Hier bedarf es also der beweisenden Form nicht. Eine Änderung im Sinne des § 19 liegt auch dann nicht vor, wenn der eingetragene Patentinhaber, der ohne Vertreter war, einen Vertreter bestellt, z. B. weil er ins Ausland verzogen ist. Das Patentamt nimmt an, daß es einer beweisenden Form auch dann nicht bedarf, wenn der ausländische Patentinhaber durch

---

175) S. 114.

176) Vgl. Beitrag IV S. 87.

zwei zeitlich verschiedene Akte dem früheren Vertreter die Vollmacht entzieht und demnächst einen neuen Vertreter bestellt. Nach der Praxis des Patentamts liegt eine der beweisenden Form bedürftige Änderung in der Person des Vertreters nur dann vor, wenn durch einen einzigen Akt der frühere Vertreter entlassen und ein neuer an seine Stelle gesetzt wird.

Verzichtet einer von mehreren Patentinhabern auf das Patent, so wird sein Name auf seinen Antrag gelöscht, ohne daß es dafür einer beweisenden Form bedarf. Damit erweitert sich allerdings infolge des Verzichts materiellrechtlich das Recht der übrigen Patentinhaber; indessen hat dies für die Patentrolle keine Bedeutung, da die Quoten, zu welchen die einzelnen Patentinhaber berechtigt sind, in die Rolle nicht eingetragen werden, für die Rolle also eine Änderung nicht eintritt, sondern nur eine Löschung stattfindet.

Ein Teilverzicht auf das Patent, z. B. ein Verzicht auf einen von mehreren Ansprüchen, galt nach der früheren Praxis des Patentamts als unzulässig. In neuerer Zeit wird ein solcher Verzicht zugelassen, vorausgesetzt, daß das Patent seinem Gegenstande nach teilbar ist.

Der § 19 des PG. wird dahin ausgelegt, daß der Inhalt der Rolle damit erschöpft ist. Andere Vermerke als die in § 19 angegebenen werden in die Patentrolle nicht eingetragen. Das Patentamt lehnt es daher ab, Nießbrauchsrechte, Lizenzen, Pfandrechte oder, wie schon erwähnt, die Quoten der einzelnen Patentinhaber in die Rolle einzutragen.

Auch eine Pfändung wird in der Rolle nicht vermerkt. Das Patentamt nimmt indessen von einer Pfändung des Patents in dem Sinne Kenntnis, daß es eine vollzogene Pfändung zu den Akten des Patents vermerkt, falls die erfolgte Pfändung von dem Antragsteller nachgewiesen wird. Zum Nachweise gehört es, daß der Pfändungsbeschluß dem Patentinhaber zugestellt ist. Der Vermerk der Pfändung hat die Folge, daß das Patentamt einen Antrag auf Umschreibung des Patents ablehnt, wenn nicht die Zustimmung des Pfandgläubigers beigebracht oder die Aufhebung der Pfändung nachgewiesen wird. Dasselbe gilt von Arresten und einstweiligen Verfügungen.

Auf besonderer gesetzlicher Bestimmung beruht es, daß Patente, welche im Namen der Reichsverwaltung für die Zwecke des Heeres oder der Flotte erteilt sind, in die Patentrolle nicht eingetragen werden (§ 24 Abs. 5 des PG.).

Die Einsicht der Rolle, der Beschreibungen, Zeichnungen, Modelle und Probestücke, auf Grund deren die Erteilung der Patente erfolgt ist, steht, soweit es sich nicht um ein im Namen der Reichsverwaltung für die Zwecke des Heeres oder der Flotte genommenes Patent handelt, jedermann frei. Ein beglaubigter Auszug aus der Patentrolle kostet 50 Pf.

Das Patentamt kann ferner nach seinem Ermessen von den bei ihm beruhenden Eingaben und Verhandlungen, soweit die Einsicht in dieselben gesetzlich nicht beschränkt ist, an jedermann Abschriften und Auszüge gegen Einzahlung der Kosten erteilen (§ 29 der K. Verordn. vom 11. 7. 1891).

Anträgen auf Erteilung von Abschriften aus den Akten in Fällen, in denen die Anmeldung zur Patenterteilung geführt hat, pflegt das Patentamt nach seinem Ermessen[177]) in der Weise zu entsprechen, daß es entweder dem Antragsteller die Akten zur Einsicht in der Auslegehalle zur Verfügung stellt, um dort selbst die gewünschten Abschriften anzufertigen oder durch einen Beauftragten anfertigen zu lassen, oder daß es gegen Erstattung der Kosten die gewünschten Abschriften erteilt. Es wird dem Antragsteller, wenn es sich um sehr umfangreiche Akten handelt und die Erteilung von Abschriften gewünscht wird, auch wohl anheimgegeben, zunächst in der Auslegehalle die Akten einzusehen und sodann die Stücke im einzelnen zu bezeichnen, von denen eine Abschrift verlangt wird.

Anmeldungen oder Teile von Anmeldungen, die nicht oder noch nicht zur Bekanntmachung gelangt sind oder endgültig abgewiesen sind, werden geheimgehalten.

Die Patenterteilungsakten bilden ein wichtiges Hilfsmittel, um in zweifelhaften Fällen den Gegenstand der durch das Patent geschützten Erfindung festzustellen. Dasselbe gilt von der Feststellung des einstweiligen Schutzes, der mit der Bekanntmachung

---

[177]) Bl. 1912 S. 253 PA.

der Erfindung eintritt. Hier bezieht sich indessen das berechtigte Interesse an der Akteneinsicht nur auf die Zeit bis zur Bekanntmachung, und es wird deshalb Anträgen auf Gestattung der Einsicht der erhobenen Einsprüche regelmäßig nicht stattgegeben[178]). Ist das Patent erteilt, so sind damit auch die Einsprüche für die Auslegung des Patents unter Umständen von Bedeutung, und in diesem Falle wird daher die Einsicht der Einsprüche nicht weiter vorenthalten. Ist zwar die Anmeldung bekanntgemacht, aber das Patent versagt, so wird die Akteneinsicht nur noch in Ausnahmefällen gestattet, in denen ein berechtigtes Interesse besonders nachgewiesen ist.

Während das Patentamt in früherer Zeit die Einsicht in die Patenterteilungsakten ohne weiteres gestattete und den Anträgen auf Aktenabschrift stattgab, ohne den Nachweis eines besonderen Interesses zu verlangen, hat es sich in neuerer Zeit, weil sich unter der früheren Praxis Mißbräuche ergeben hatten, auf einen strengeren Standpunkt gestellt[179]). Das Patentamt teilt daher jetzt den gestellten Antrag zunächst dem Patentinhaber zur Äußerung mit und gibt bei dessen Widerspruch dem Antrage nur dann statt, wenn der Antragsteller ein genau substanziiertes Interesse nachweist.

Die Einsicht in die Patentrolle sowie die Einsicht in die Unterlagen der Patenterteilungsbeschlüsse darf, abgesehen von Geheimpatenten, überhaupt nicht abgelehnt werden.

Gegen die Ablehnung eines Antrages auf Akteneinsicht oder Aktenabschrift findet gemäß § 16 des PG. Beschwerde statt.

Wegen der Publikationen des Patentamts wird auf Abschnitt 1 verwiesen. Einer besonderen Besprechung bedürfen hier nur noch die gedruckten Patentschriften, welche gemäß § 19 Abs. 4 des PG., aber nicht in dem amtlichen Blatte selbst, sondern besonders herausgegeben werden. Diese Patentschriften werden im amtlichen Auftrage vom Vorprüfer, sei es allein, sei es unter Zuziehung seines technischen Mitarbeiters, redi-

---

[178]) Bl. 1912 S. 29 PA.

[179]) Bl. 1913 S. 380 PA.

giert. In früheren Jahren erfolgte die Redaktion vollkommen frei und in der Form nicht selten abweichend von den eigentlichen Unterlagen der Patenterteilung. In neuerer Zeit wird die Redaktion schon während des Patenterteilungsverfahrens vorbereitet, so daß die Patentschrift in ihrer Form bereits zur Zeit der Patenterteilung fertig vorliegt. Hierdurch wird praktisch eine erhebliche Beschleunigung im Drucke der Patentschrift erzielt, während sich andrerseits daraus leicht Unstimmigkeiten zwischen dem Anmelder und dem Patentamte ergeben, wenn ersterer sich weigert, eine vom Patentamte im Hinblick auf die Redaktion der Patentschrift für erforderlich erachtete Änderung in der Beschreibung vorzunehmen[180]).

Durch die Herausgabe der gedruckten Patentschrift wird das Patentamt seiner Aufgabe gerecht, die Kenntnis der Erfindung, die das Gewerbe fördern soll, zum Gemeingut zu machen. Dem Patentinhaber ist damit zugleich ein willkommenes Mittel gegeben, sein Patent zu verwerten, indem er durch Vorlegung oder Versendung eines Exemplars der Patentschrift jeden Interessenten über den Gegenstand seines Patents genau zu informieren vermag.

Die Patentschrift hat als solche nur eine rein tatsächliche, keine rechtliche Bedeutung. Die Dienststelle, welche die Patentschrift redigiert, ist nicht berufen, das erteilte Patent seinem Gegenstande nach maßgebend festzusetzen. Die Patenterteilung ist vielmehr schon mit dem rechtskräftigen Erteilungsbeschluß erfolgt, und damit ist auch sein Gegenstand festgelegt. Da indessen nach der neueren Übung des Patentamts die Patentschrift aus den Unterlagen des Patenterteilungsbeschlusses gebildet wird, ohne daß eine Umredigierung stattfindet, so ist allerdings die Patentschrift für die Auslegung des Patents selbst von wesentlicher Bedeutung. Diese Bedeutung ist indessen keine rechtliche, sondern eine tatsächliche, nämlich bedingt durch die Tatsache ihrer Übereinstimmung mit den Unterlagen des Patenterteilungsbeschlusses. —

Der Präsident des Patentamts bescheinigt auf Antrag die

---

[180]) Vgl. oben S. 31.

Übereinstimmung von Schriftstücken und Zeichnungen, die als Belege für die Inanspruchnahme eines Prioritätsrechts im Auslande bestimmt sind, mit den Akteneingängen. Die Belege können auf Antrag gegen Erstattung der Kosten auch im Patentamte angefertigt werden. Es empfiehlt sich, den Zweck, welchem die Belege dienen sollen, genau anzugeben, damit ein etwaiger Irrtum richtiggestellt werden kann. Die geschäftliche Behandlung erfolgt durch die Anmeldeabteilungen. —

Das Nichtigkeitsverfahren, die Erteilung von Zwangslizenzen und die Zurücknahme des Patents, für die das Patentamt gleichfalls zuständig ist, sind in einem besonderen Beitrage behandelt.

A. Verordnung
zur Ausführung des Patentgesetzes vom 7. April 1891 und des Gesetzes betr. den Schutz von Gebrauchsmustern vom 1. Juni 1891.

Vom 11. Juli 1891. (RGBl. S. 349.)

I. Patentangelegenheiten.

§ 1. Im Patentamt werden für die Patentanmeldungen vier Abteilungen[1]) gebildet, welche die Bezeichnung

Anmeldeabteilung

führen und durch den Zusatz I, II, III, IV unterschieden werden.

Der Reichskanzler bestimmt, für welche Gebiete der Technik eine jede der Abteilungen zuständig ist.

Zu dem Geschäftskreis der Anmeldeabteilungen gehören auch die Beschlüsse über Eintragungen und Löschungen in der Patentrolle (§ 19 des Patentgesetzes) für das einer jeden Abteilung zugewiesene Gebiet der Technik.

§ 2. Für Beschwerden gegen Beschlüsse der Anmelde-

---

[1]) Durch die Verordnungen vom 5. Juni 1897 (RGBl. S. 473), 6. Mai 1899 (RGBl. S. 283), 2. Mai 1900 (RGBl. S. 232), 26. Mai 1902 (RGBl. S. 169), 14. Mai 1908 (RGBl. S. 213) und 11. Mai 1911 (RGBl. S. 217) sind für die Patentanmeldungen acht weitere Abteilungen mit der Bezeichnung Anmeldeabteilung V, VI, VII, VIII, IX, X, XI und XII gebildet worden.

abteilungen und der Nichtigkeitsabteilung (§§ 16, 26 des Patentgesetzes) werden zwei Abteilungen gebildet, welche die Bezeichnung

Beschwerdeabteilung

führen und durch den Zusatz I und II unterschieden werden.

Die Beschwerdeabteilung I ist zuständig für Beschwerden gegen Beschlüsse der Anmeldeabteilungen I und II sowie für Beschwerden gegen Beschlüsse der Nichtigkeitsabteilung. Die Beschwerdeabteilung II ist zuständig für Beschwerden gegen Beschlüsse der Anmeldeabteilungen III und IV[1]).

Die Beschwerdeabteilungen sind außerdem, und zwar jede innerhalb des durch Abs. 2 festgesetzten Geschäftskreises, zuständig für die vom Patentamt abzugebenden Gutachten.

§ 3. Meinungsverschiedenheiten zwischen mehreren Abteilungen über die Zuständigkeit werden von dem Präsidenten entschieden.

Für Anträge oder Gesuche, welche andere als die in den §§ 1 und 2 bezeichneten Angelegenheiten betreffen, wird die Zuständigkeit von dem Präsidenten bestimmt.

§ 4. Die Geschäftsleitung in den Anmeldeabteilungen steht dem zum Vorsitz berufenen rechtskundigen[2]) Mitgliede, die Geschäftsleitung in den Beschwerdeabteilungen und in der Nichtigkeitsabteilung dem Präsidenten zu. Über die Vertretung des Präsidenten im Vorsitz trifft der Reichskanzler Bestimmung.

§ 5. Die Zuweisung der Mitglieder an die Abteilungen erfolgt durch den Reichskanzler.

Im Falle des Todes, der Erkrankung oder der längeren Abwesenheit eines Mitgliedes können in die davon betroffene Abteilung, solange das Bedürfnis dieses erfordert, durch den

---

[1]) Für die Beschwerden gegen die Beschlüsse der Anmeldeabteilungen V bis XII sowie für die Erstattung von Gutachten innerhalb ihres Geschäftskreises ist bezüglich der Anmeldeabteilungen VII, VIII und IX die Beschwerdeabteilung I und bezüglich der Anmeldeabteilungen V, VI, X, XI und XII die Beschwerdeabteilung II zuständig.

[2]) Nach der Verordnung vom 25. Oktober 1899 (RGBl. S. 661) kann zu dem Vorsitz in den Anmeldeabteilungen auch ein technisches Mitglied berufen werden.

Präsidenten Mitglieder anderer Abteilungen zur Aushilfe berufen werden.

§ 6. In den Abteilungen trifft der Vorsitzende die für den Fortgang der Sachen erforderlichen Verfügungen.

In den Anmeldeabteilungen bezeichnet er für jede Klasse der Anmeldungen im voraus das Mitglied, welchem die Vorprüfung (§ 21 des Patentgesetzes) obliegt, sowie einen weiteren Berichterstatter für das Verfahren nach Erlaß des Vorbescheides.

In den Beschwerdeabteilungen und in der Nichtigkeitsabteilung bezeichnet der Präsident für jede Klasse im voraus zwei Berichterstatter.

An Stelle der hiernach berufenen Mitglieder können für den einzelnen Fall andere Berichterstatter bezeichnet werden.

Die Berichterstatter halten den mündlichen Vortrag in der Sitzung und entwerfen alle Beschlüsse und Entscheidungen. Der Vorsitzende prüft die Entwürfe und stellt sie fest. Über sachliche Meinungsverschiedenheiten beschließt die Abteilung.

§ 7. In den Anmeldeabteilungen bedarf es der Beratung und Abstimmung in einer Sitzung für Beschlüsse über die Bekanntmachung der Anmeldung sowie für Beschlüsse, durch welche die Anmeldung oder ein Einspruch ganz oder teilweise zurückgewiesen wird.

Für die Beschlüsse der Beschwerdeabteilungen, durch welche eine auf Grund des § 16 des Patentgesetzes erhobene Beschwerde erledigt wird, sowie für die nach §§ 26, 29 und 30 des Patentgesetzes ergehenden Entscheidungen der Beschwerdeabteilungen und der Nichtigkeitsabteilung bedarf es der Beratung und Abstimmung in einer Sitzung. An den Entscheidungen nehmen außer dem Präsidenten und dem weiteren rechtskundigen Mitgliede die beiden für die Sache bestellten Berichterstatter und ein drittes, von dem Präsidenten vorher bestimmtes technisches Mitglied teil[1]).

---

[1]) Nach der Verordnung vom 29. April 1904 (RGBl. S. 157) kann, soweit über Beschwerden nach § 26 des Patentgesetzes zu entscheiden ist, die Vertretung im Vorsitz auch einem technischen Mitgliede übertragen

§ 8. Bei den Abstimmungen entscheidet die absolute Mehrheit der Stimmen, bei Stimmengleichheit die Stimme des Vorsitzenden.

Ist eine Anhörung der Beteiligten (Patentgesetz § 25, § 26 Abs. 3, § 30 Abs. 2) vorhergegangen, so kann ein Mitglied, welches hierbei nicht zugegen gewesen ist, an der Abstimmung nicht teilnehmen.

§ 9. Dem Präsidenten liegt es ob, auf eine gleichmäßige Behandlung der Geschäfte und auf die Beobachtung gleicher Grundsätze hinzuwirken. Zu diesem Behufe ist er befugt, den Beratungen aller Abteilungen beizuwohnen, auch sämtliche Mitglieder zu Plenarversammlungen zu vereinigen und die Beratung des Plenums über die von ihm vorgelegten Fragen herbeizuführen.

§ 10. Die Sitzungen der Abteilungen finden der Regel nach an bestimmten Tagen und zu bestimmten Stunden statt. Die Verfügung darüber steht dem Präsidenten zu.

§ 11. Die Ausfertigungen der Beschlüsse und Entscheidungen der Abteilungen erhalten die Unterschrift:

Kaiserliches Patentamt

und zusätzlich die vorschriftsmäßige Bezeichnung der Abteilung.

§ 12. Für das Zustellungswesen gelten folgende Vorschriften:

1. Zustellungen, welche den Lauf der im § 26 Abs. 1 des Patentgesetzes bezeichneten Frist bedingen, sowie Zustellungen in dem Verfahren vor der Nichtigkeitsabteilung erfolgen durch die Post. Auf diese Zustellungen finden die Vorschriften der Zivilprozeßordnung mit nachstehenden Maßgaben Anwendung.

Der vom Präsidenten bestimmte Beamte trägt für die Bewirkung der Zustellung Sorge und beglaubigt die zu übergebenden Abschriften. Er übergibt die Schriftstücke in einem verschlossenen, mit der Adresse der Person, an welche zugestellt

---

werden; in diesem Falle nehmen an der Entscheidung außer dem Vorsitzenden und den beiden Berichterstattern zwei rechtskundige Mitglieder teil.

werden soll, sowie mit der Geschäftsnummer versehenen Briefumschlag der Post zur Zustellung. Auf den Briefumschlag wird der Vermerk gesetzt: „Vereinfachte Zustellung.“ Eine Bescheinigung der Übergabe an die Post (Zivilprozeßordnung §§ 177, 179)[1]) ist nicht erforderlich.

Die von dem Postboten aufzunehmende Zustellungsurkunde muß die Adresse und die Geschäftsnummer des Briefes, den Ort und die Zeit der Zustellung sowie die Person, welcher zügestellt ist, und wenn die Zustellung nicht an den Adressaten persönlich erfolgt ist, den Grund hiervon angeben. Die Urkunde ist von dem Postboten zu unterschreiben. Abschrift der Zustellungsurkunde wird nicht übergeben. Der Tag der Zustellung ist von dem Postboten auf dem Briefumschlag zu vermerken.

2. Zustellungen, welche den Lauf sonstiger Fristen bedingen, erfolgen mittels eingeschriebenen Briefes.

Kann in den Fällen der Nr. 1 und 2 eine Zustellung im Inlande nicht erfolgen, so wird sie durch Aufgabe zur Post nach Maßgabe der §§ 161, 175 der Zivilprozeßordnung[2]) bewirkt.

§ 13. Zeugen und Sachverständige erhalten Gebühren nach Maßgabe der Gebührenordnung vom 30. Juni 1878 (RGBl. S. 173)[3]).

§ 14. Zu den Kosten des Verfahrens, über welche das Patentamt nach § 26 Abs. 5 und § 31 des Patentgesetzes zu bestimmen hat, gehören außer den aus der Kasse des Patentamts bestrittenen Auslagen diejenigen den Beteiligten erwachsenen Kosten, welche nach freiem Ermessen des Patentamts zur zweckentsprechenden Wahrung der Ansprüche und Rechte notwendig waren.

§ 15. Ist eine Patentgebühr (§ 8 Abs. 2 des Patentgesetzes)

---

[1]) Jetzt §§ 194, 196.

[2]) Jetzt §§ 175, 213. Die hier hauptsächlich in Betracht kommende Bestimmung des § 175 Abs. 1 Satz 3 lautet:

> Die Zustellung wird mit der Aufgabe zur Post als bewirkt angesehen, selbst wenn die Sendung als unbestellbar zurückkommt.

[3]) Jetzt 17. Mai 1898 (RGBl. S. 689).

nicht innerhalb sechs Wochen nach der Fälligkeit entrichtet, so benachrichtigt das Patentamt hiervon den Patentinhaber.

Aus dem Umstande, daß der Patentinhaber eine Benachrichtigung nicht erhält, erwachsen Rechtsfolgen nicht.

§ 16. Die Orte außerhalb Berlins, an welchen eine Auslegung der Patentanmeldungen erfolgen soll, sowie die Art und Zeitdauer dieser Auslegung werden vom Reichskanzler bezeichnet. Wenn eine Auslegung an diesen Orten unterbleibt, so wird dadurch ein Mangel des Verfahrens nicht begründet.

§ 17. Der Präsident verfügt im Einvernehmen mit der für die Anmeldung zuständigen Abteilung über Modelle und Proben, deren Rückgabe nicht binnen sechs Monaten nach endgültiger Abweisung der Anmeldung oder nach der Bekanntmachung von der Erteilung des Patents (§ 27 Abs. 1 des Patentgesetzes) beantragt ist.

§ 18. Soweit für Patentangelegenheiten aus der Zeit vor dem 1. Oktober 1891 Übergangsbestimmungen erforderlich sind, werden dieselben vom Reichskanzler erlassen.

II. Angelegenheiten des Gebrauchsmusterschutzes.

§§ 19 bis 24.

III. Gemeinschaftliche Bestimmungen.

§ 25. Die Einrichtung der Bureaus, die Verwaltung der Kasse, der Bibliothek und der Sammlungen werden durch den Präsidenten geordnet.

Der Präsident erläßt die erforderlichen Geschäftsanweisungen.

§ 26. Die Leitung und Beaufsichtigung des gesamten Geschäftsbetriebes steht dem Präsidenten zu. Er verfügt in allen Verwaltungsangelegenheiten.

§ 27. Sämtliche eingehende Geschäftssachen werden, ohne Rücksicht auf ihren verschiedenen Inhalt, nach der Zeit ihres Eingangs mit einer laufenden Nummer als Geschäftsnummer und mit dem Datum bezeichnet.

Geschäftssachen, welche während der Dienststunden eingehen, sind alsbald, andere Geschäftssachen bei dem Wiederbeginn der Dienststunden von dem dazu bestimmten Beamten hiernach zu bezeichnen. Wenn die Reihe des Eingangs nicht feststeht, so sind sie nach der Reihe, in welcher sie von dem Beamten übernommen werden, mit der Bezeichnung zu versehen.

Von zwei an demselben Tage an das Patentamt gelangten Geschäftssachen gilt diejenige als später eingegangen, welche die höhere Geschäftsnummer trägt.

§ 28. Vertreter in Patentangelegenheiten und in Angelegenheiten des Gebrauchsmusterschutzes haben dem Patentamt gegenüber ihre Bevollmächtigung durch eine Vollmacht nachzuweisen.

Die Vollmachten müssen auf prozeßfähige, mit ihrem bürgerlichen Namen bezeichnete Personen lauten.

Sind mehrere Personen bevollmächtigt, so gelten dieselben für befugt, sowohl gemeinschaftlich als auch einzeln die Vertretung wahrzunehmen. Eine abweichende Bestimmung dürfen die Vollmachten nicht enthalten.

§ 29. Das Patentamt kann nach seinem Ermessen von den bei ihm beruhenden Eingaben und Verhandlungen, soweit die Einsicht in dieselben gesetzlich nicht beschränkt ist, an jedermann Abschriften und Auszüge gegen Einzahlung der Kosten erteilen.

§ 30. Das Siegel des Patentamts enthält in der Mitte den Reichsadler und in der Umschrift die Worte „Kaiserliches Patentamt".

B. Bestimmungen des Patentamts über die Anmeldung von Erfindungen

vom 22. November 1898.

Auf Grund des § 20 Abs. 2 des Patentgesetzes vom 7. April 1891 (RGBl. S. 79) werden die folgenden Bestimmungen über die Erfordernisse einer Patentanmeldung erlassen. Die Bestimmungen treten am 1. Januar 1899 in Kraft.

§ 1. Die Anmeldung einer Erfindung behufs Erteilung eines Patents geschieht in der Form eines schriftlichen Gesuchs, dem die sonst erforderlichen Stücke als Anlagen beizufügen sind.

§ 2. Das Gesuch muß enthalten:

a) die Angabe des Namens und des Wohnorts oder der Hauptniederlassung des Anmelders;

b) eine für die Veröffentlichung (§ 23 Abs. 2 des Patentgesetzes) geeignete Benennung der Erfindung;

c) die Erklärung, daß für die Erfindung ein Patent nachgesucht werde; bei Zusatzanmeldungen ist die Angabe des Hauptpatentes nach Gegenstand und Nummer oder der Hauptanmeldung nach Gegenstand und Aktenzeichen erforderlich;

d) die Erklärung, daß die gesetzliche Gebühr von 20 M. an die Kasse des Kaiserlichen Patentamts gezahlt worden sei oder gleichzeitig mit der Anmeldung gezahlt werde;

e) die Aufführung der Anlagen unter Angabe ihrer Nummer und ihres Inhalts;

f) falls der Anmelder einen Vertreter bestellt hat, die Angabe der Person, der Berufsstellung und des Wohnorts des Vertreters; als Anlage ist eine Vollmacht beizufügen (§ 28 der Kaiserlichen Verordnung vom 11. Juli 1891);

g) die Unterschrift des Anmelders oder seines Vertreters.

§ 3. Die Beschreibung ist in zwei Ausfertigungen einzureichen. Dasselbe gilt für alle Nachträge. Die Schriftstücke, welche die Beschreibung bilden, müssen sowohl am Rande als auch zwischen den Zeilen ausreichenden Raum für Zusätze und Änderungen frei lassen.

Maße, Gewichte sowie elektrische Einheiten müssen nach den gesetzlichen Vorschriften[1]), Temperaturen nach Celsius angegeben werden. Bei chemischen Formeln sind die in Deutschland üblichen Atomgewichtszeichen und Molekularformeln anzuwenden.

---

[1]) Vgl. Gesetz vom 1. Juni 1898, betr. die elektrischen Maßeinheiten (RGBl. S. 905).

Die Einfügung von Figuren in die Beschreibung ist nicht zulässig.

§ 4. Die für die Veranschaulichung der Erfindung bestimmten Zeichnungen sind auf das zur Klarstellung der Erfindung Erforderliche zu beschränken. Sie sind in zwei Ausfertigungen einzureichen.

a) Für die Hauptzeichnung ist weißes, starkes und glattes Zeichenpapier, sogenanntes Kartonpapier, für die Nebenzeichnung Zeichenleinwand zu verwenden.

Das Blatt der Hauptzeichnung .soll 33 cm hoch und 21 cm breit sein. In Ausnahmefällen ist, falls die Deutlichkeit es erfordert, ein Blatt in der Höhe von 33 cm und in der Breite von 42 cm zulässig. Die Nebenzeichnung muß bei beliebiger Breite 33 cm hoch sein. Für die Hauptzeichnung wie für die Nebenzeichnung ist die Verwendung mehrerer Blätter zulässig.

b) Die Figuren und Schriftzeichen sind in tiefschwarzen, kräftigen, scharf begrenzten Linien auszuführen. Auf der Hauptzeichnung sind Querschnitte entweder tiefschwarz anzulegen, oder durch Schrägstriche in tiefschwarzen Linien zum Ausdruck zu bringen. Ist zur Darstellung unebener Flächen ausnahmsweise eine Schattierung erforderlich, so darf sie ebenfalls nur in tiefschwarzen Linien ausgeführt werden. Die Anwendung bunter Farben ist bei der Hauptzeichnung unzulässig.

Alle auf den Zeichnungen angebrachten Schriftzeichen müssen einfach und deutlich sein. Die Hauptzeichnung muß sich zur photographischen Verkleinerung eignen.

c) Die einzelnen Figuren müssen durch einen angemessenen Zwischenraum voneinander getrennt sein.

d) Die Figuren sind nach ihrer Stellung fortlaufend und ohne Rücksicht auf die Anzahl der Blätter mit Zahlen zu versehen.

e) Erläuterungen sind in die Zeichnung nicht aufzunehmen. Ausgenommen sind kurze Angaben wie „Wasser“, „Dampf“, „Schnitt nach AB (Fig. 3)“ sowie Inschriften, die auf den dargestellten Gegenständen angebracht werden sollen, z. B. „offen“, „zu“.

f) In der rechten unteren Ecke jedes Blattes ist der Name des Anmelders anzugeben.

g) Die Hauptzeichnungen dürfen weder gefaltet noch gerollt werden, sondern sind in glattem Zustande vorzulegen.

§ 5. Die für die Veranschaulichung der Erfindung bestimmten Modelle und Probestücke[1]) brauchen nur in einer Ausführung eingereicht zu werden.

Proben sind stets einzureichen zu den Anmeldungen, welche die Herstellung neuer chemischer Stoffe betreffen. Ausgenommen sind explosive und leicht entzündliche Stoffe, deren Einsendung nur auf besondere Aufforderung zulässig ist.

Bildet ein chemisches Verfahren von allgemeiner Anwendbarkeit, nach dem ganze Gruppen von Stoffen hergestellt werden können, den Gegenstand der Anmeldung, so sind Proben der typischen Vertreter der Gruppen einzureichen. Werden jedoch besondere Ausführungsformen eines chemischen Verfahrens unter Aufzählung der einzelnen nach ihnen entstehenden Stoffe beansprucht, so sind die Stoffe sämtlich mit Proben zu belegen. Bei Farbstoffen sind außerdem Ausfärbungen auf Wolle, Seide oder Baumwolle in je einer Ausführung beizufügen.

Über die Beschaffenheit der Modelle und Probestücke gilt folgendes:

a) Modelle und Probestücke, die leicht beschädigt[2]) werden können, sind in festen Hüllen einzureichen. Gegenstände von kleinem Umfange sind auf steifem Papier zu befestigen.

b) Proben von giftigen, ätzenden, explosiven oder leicht entzündlichen Stoffen sind auf der Umhüllung und, soweit möglich, auf dem Gegenstande selbst durch eine deutliche Aufschrift als solche zu kennzeichnen.

---

[1]) Die Einreichung von Modellen und Probestücken ist — abgesehen von Abs. 2 und 3 — in das Ermessen des Anmelders gestellt. Sie ist nur dann notwendig, wenn sie von dem Patentamt gefordert wird.

[2]) Für die Erhaltung der Gegenstände in unversehrtem Zustande übernimmt das Patentamt keine Verantwortung.

c) Proben chemischer Stoffe sind in Glasflaschen ohne vorspringenden Fuß von etwa 3 cm äußerem Durchmesser und 8 cm Gesamthöhe einzureichen; die Flaschen sind mit einem haltbaren Siegel zu verschließen und mit einer dauerhaft befestigten Inhaltsangabe zu versehen. Den Proben ist ein nach der Beschreibung oder dem Patentanspruche geordnetes Verzeichnis beizulegen.

d) Ausfärbungen müssen möglichst flach auf steifem Papier von 33 cm Höhe und 21 cm Breite dauerhaft befestigt und mit genauen, den Angaben der Beschreibung entsprechenden Aufschriften versehen sein. Den Ausfärbungen ist eine Beschreibung des angewendeten Färbeverfahrens beizulegen mit genauen Angaben über den Gehalt der Flotte an Farbstoff, die etwa gebrauchten Beizen, die Temperatur usw., sowie auch darüber, ob die gebrauchte Flotte erschöpft war oder erheblichere Mengen von Farbstoff zurückgehalten hat.

§ 6. Die Anlagen des Gesuchs müssen mit einer ihre Zugehörigkeit zur Anmeldung kennzeichnenden Aufschrift versehen sein. Dasselbe gilt für Modelle und Probestücke.

Schriftstücke, die zur Mitteilung an andere Personen bestimmt sind, sind in der dazu erforderlichen Zahl von Ausfertigungen einzureichen.

Zu allen Schriftstücken ist dauerhaftes, nicht durchscheinendes, weißes Papier, zu Schriftstücken, die Anträge enthalten oder zur Beschreibung der Erfindung gehören, Papier in der Seitengröße von 33 cm zu 21 cm zu verwenden.

Alle Schriftstücke müssen leicht lesbar sein. Die Schriftzüge müssen in dunkler Farbe ausgeführt sein. Schriftstücke, die mittels der Schreibmaschine hergestellt sind, müssen deutliche Druckzeichen und zwischen den einzelnen Buchstaben, Worten und Zeilen einen angemessenen Zwischenraum aufweisen.

Auf den später eingereichten Anmeldestücken ist der Name des Anmelders und das Aktenzeichen anzugeben.

C. Bekanntmachung des Patentamts

vom 22. November 1898 zur Erläuterung vorstehender Bcstimmungen.

Durch Bekanntmachung vom heutigen Tage hat das Kaiserliche Patentamt auf Grund des § 20 des Patentgesetzes vom 7. April 1891 neue Bestimmungen über die Anmeldung von Erfindungen erlassen. Im Anschluß an diese Bestimmungen werden die nachstehenden Erläuterungen bekanntgegeben, die den Beteiligten einen weiteren Anhalt für die Anfertigung und Einreichung einer Patentanmeldung darbieten sollen.

1. Gebühr.

Die Anmeldegebühr ist zweckmäßig entweder unmittelbar bei der Kasse des Kaiserlichen Patentamts (Berlin SW 61, Gitschiner Straße 97—103) einzuzahlen, oder unter genauer Angabe der Anmeldung, für die das Geld bestimmt ist, durch Postanweisung zu übersenden.

Die Beifügung baren Geldes als Anlage der Anmeldung ist nicht erwünscht. Wird das Geld gleichwohl beigefügt, so ist darüber in dem Gesuch ein deutlicher Vermerk in Rotschrift zu machen. Enthält eine Sendung das Geld für mehrere Anmeldungen, so ist ein besonderes Verzeichnis über die Zugehörigkeit des Geldes beizufügen.

2. Gesuch.

a) Ein Antrag auf Aussetzung der Bekanntmachung (§ 23 Abs. 4 des Patentgesetzes) wird entweder in einem besonderen Schriftstück einzureichen oder, falls er mit dem Anmeldegesuch oder mit anderen Erklärungen verbunden wird, augenfällig, z. B. durch Unterstreichen oder in Rotschrift, hervorzuheben sein.

   Für die Aussetzung der Bekanntmachung auf länger als drei Monate bedarf es einer Begründung. Es empfiehlt sich, die Begründung erst gegen Ende der ersten Frist beizubringen.

b) Falls der Anmelder die Rechte aus einer früheren Anmeldung in einem Staate, mit dem das Deutsche Reich einen entsprechenden Vertrag abgeschlossen hat, geltend machen will, soll dieser Anspruch gleichfalls in das Gesuch aufgenommen werden.

c) Soll für den Fall der Zurückweisung einer Patentanmeldung derselbe Gegenstand in die Rolle für Gebrauchsmuster eingetragen werden, so bedarf es hierzu einer besonderen an das „Kaiserliche Patentamt, Anmeldestelle für Gebrauchsmuster" zu richtenden Anmeldung.

d) Zur Angabe der Person des Anmelders gehört, daß jeder Zweifel darüber ausgeschlossen wird, ob das Patent von Einzelpersonen oder von einer Gesellschaft, ob von einem Manne oder von einer Frau, ob auf den bürgerlichen Namen oder auf die kaufmännische Firma nachgesucht wird. Bei Einzelpersonen ist der Rufname, bei Frauen außerdem der Familienstand und der Geburtsname anzugeben.

Die Angabe des Wohnorts muß bei größeren Städten auch Straße und Hausnummer, bei kleineren Orten und bei Orten, deren Name mehrfach vorkommt, sowie in der Regel bei ausländischen Orten den Staat und Bezirk enthalten. Dies gilt auch für den Fall, daß der Anmelder einen Vertreter bestellt hat.

e) Für den Fall der Vertretung ist zu beachten, daß nach § 28 der Kaiserlichen Verordnung vom 11. Juli 1891 die Vollmacht auf prozeßfähige, mit ihrem bürgerlichen Namen bezeichnete Personen, nicht auf eine Firma, auszustellen ist.

Eine Beglaubigung der Unterschrift des Anmelders unter der Vollmacht ist nur auf besonderes Erfordern des Patentamts beizubringen.

f) Falls mehrere Personen ohne Bestellung eines gemeinsamen Vertreters anmelden, soll diejenige Person namhaft gemacht werden, der die amtlichen Verfügungen zugestellt werden sollen[1]).

3. Beschreibung.

a) Für den Gegenstand der Erfindung ist der Gebrauchszweck anzugeben.

---

[1]) Vom Vertretungsgeschäft Ausgeschlossene dürfen weder Vertreter noch Zustellungsbevollmächtigte sein.

b) Die Beschreibung hat sich aller nicht streng zur Sache gehörigen Ausführungen zu enthalten. Sie beginnt zweckmäßig mit der Darstellung der Aufgabe, welche die Erfindung lösen soll. Hieran schließt sich die Beschreibung der Erfindung im einzelnen.

Besteht die Erfindung in der Vereinigung von bekannten Einzelheiten zu einem neuen Ganzen, so wird die Beschreibung zum Ausdruck bringen müssen, daß die Einzelheiten weder als neu, noch für sich als schutzfähig angesehen werden, und daß der Schutz sich nur auf die neue Gesamtheit beziehen soll.

Soweit Hinweise auf Bekanntes oder Geschütztes, insbesondere auf öffentliche Druckschriften oder Patente, zur klaren Abgrenzung der Erfindung erforderlich sind, werden sie gleichfalls in die Beschreibung aufzunehmen sein.

4. Zeichnung.

a) Auf den Nebenzeichnungen sind die Figuren und Bezeichnungen so zu stellen, daß für den Beschauer die 33 cm-Kante aufrecht steht. Am linken und rechten Rande ist ein mindestens 3 cm breiter Raum frei zu lassen.

b) Für die einzelnen Teile der Figuren sind Bezugszeichen nur so weit zu verwenden, als ein Hinweis auf die Darstellung des betreffenden Teiles in der Beschreibung zum Verständnis der Erfindung erforderlich ist.

Dieselben Teile müssen in allen Figuren gleiche Bezugszeichen erhalten. Für verschiedene Teile dürfen die gleichen Bezugszeichen nicht verwendet werden, auch wenn die Figuren auf verschiedenen Blättern stehen. Bei Zusatzanmeldungen werden für Teile, die bereits in dem Hauptpatente sich vorfinden, die dort für diese Teile gewählten Bezugszeichen beizubehalten sein.

Für die Bezugszeichen sind die kleinen lateinischen Buchstaben (a, b, c) in einfacher, leicht lesbarer Schrift zu verwenden. Sind mehr als 25 Zeichen nötig, so sind arabische Ziffern zu verwenden. Zur Bezeichnung von

Schnittlinien dienen die großen lateinischen Buchstaben. Winkel sind mit kleinen griechischen Buchstaber (α, β, γ) zu bezeichnen.

Die Beifügung von Strichen, Häkchen oder Ziffern zu den Bezugszeichen ist zu vermeiden. Nur wenn innerhalb derselben Figur ein Teil in mehreren Stellungen gezeichnet wird, ist, unter Beibehaltung desselben Buchstabens für alle Stellungen, die Unterscheidung durch oben rechts angebrachte Striche oder Ziffern herbeizuführen.

Ist unmittelbar bei den dargestellten Teilen kein genügender Raum für die Bezugszeichen vorhanden, so sind die Teile mit den möglichst nahe zu setzenden Zeichen durch geschwungene Linien zu verbinden.

Bewegungsrichtungen sind durch Pfeile anzudeuten, falls dadurch das Verständnis erleichtert wird.

Projektions- und Mittellinien sind in der Regel wegzulassen.

5. Anspruch.

a) Der Anspruch geht zweckmäßig von dem Gattungsbegriff aus, dem die Erfindung möglichst nahe untergeordnet ist. Dieser Gattungsbegriff wird auch der für die Veröffentlichung bestimmten Benennung der Erfindung zugrunde zu legen sein. Zur Unterscheidung von anderen Gegenständen derselben Gattung sind in den Anspruch nur solche Bestimmungsmerkmale aufzunehmen, die für die Kennzeichnung des Wesens der Erfindung notwendig sind. Gehört der Zweck zu dieser Kennzeichnung, so ist auch er im Anspruch zu erwähnen.

b) Allgemeine Hinweise auf die Zeichnung oder die Beschreibung, z. B. „wie gezeichnet und beschrieben“, sind zu vermeiden. Hauptanspruch und Nebenansprüche sind mit fortlaufenden arabischen Ziffern zu versehen.

c) In dem Anspruch eines Zusatzpatents ist auf das Hauptpatent Bezug zu nehmen und zum Ausdruck zu bringen, was an der früheren Erfindung durch die neue Erfindung abgeändert oder ergänzt werden soll.

d) Längere Ansprüche werden zweckmäßig der Beschreibung nicht unmittelbar angefügt, sondern als besondere Anlage in zwei Ausfertigungen eingereicht.

6. Modelle und Probestücke.

Bei der Einreichung von Modellen und Probestücken ist zu erklären, ob sie im Falle der Entbehrlichkeit zurückgegeben werden sollen oder vernichtet werden können.

Haben Modelle oder Probestücke einen besonderen Wert, so ist in dem Anschreiben hierauf hinzuweisen. Können sie schon durch ein unvorsichtiges Auspacken leicht beschädigt oder durch die Einwirkung von Licht, Feuchtigkeit u. dgl. verdorben werden, so ist die Umhüllung mit der deutlichen Aufschrift zu versehen: „Ungeöffnet in den Geschäftsgang."

7. Verschiedenes.

a) In allen Schriftstücken sind entbehrliche Fremdwörter zu vermeiden.

b) Schriftsätze, die mehrere Seiten umfassen, sind mit Seitenzahlen zu versehen. In allen Schriftsätzen ist an der linken Seite ein Raum von mindestens 5 cm für amtliche Vermerke freizulassen.

c) In allen Eingaben, zu denen Anlagen gehören, sind die Anlagen besonders aufzuzählen.

d) Die Sendungen an das Patentamt müssen kostenfrei eingehen. Bei Geld- und Paketsendungen ist die Bestellgebühr vom Absender im voraus zu entrichten.

e) Empfangsbescheinigungen werden in der Regel nur über Anmeldungen[1]) erteilt, und zwar nur in einer Ausfer-

---

[1]) Neuerdings werden auf Verlangen auch über die Einreichung von Schriftsätzen im Laufe des Verfahrens, insbesondere in Fällen, in denen Fristen zu wahren sind, von der Annahmestelle Empfangsbescheinigungen erteilt, wenn vorbereitete Bescheinigungen vorgelegt werden.

Die Anordnung erstreckt sich auch auf Postsendungen, denen vorbereitete Bescheinigungen und frankierte Briefumschläge für die Rücksendung beiliegen.

tigung. Die Erteilung der Bescheinigung erfolgt nur dann, wenn ein Schriftstück mit folgendem Wortlaut eingesandt wird:

„Ihre Patentanmeldung vom
15. März 1909
oder:
„Die Patentanmeldung von
W. Reuter
vom *15. März 1909*
auf *Messinstrument*
ist am . . . . hier eingegangen und unter dem Aktenzeichen . . . in den Geschäftsgang gegeben worden."

Wird die Empfangsbescheinigung nicht auf der Rückseite einer Postkarte vorbereitet, so ist ein mit der Adresse des Empfängers versehener Briefumschlag beizufügen.

f) Über Gebührenbeträge, die mit der Post eingehen, wird nur auf besonderen Antrag des Einzahlers eine Quittung erteilt.

D. Gesetz, betreffend die Patentanwälte

vom 21. Mai 1900.

Wir Wilhelm, von Gottes Gnaden Deutscher Kaiser, König von Preußen usw., verordnen im Namen des Reichs, nach erfolgter Zustimmung des Bundesrats und des Reichstags, was folgt:

§ 1. Bei dem Kaiserlichen Patentamte wird eine Liste der Patentanwälte geführt. In die Liste werden Personen, welche andere in Angelegenheiten, die zum Geschäftskreise des Patentamts gehören, vor demselben für eigene Rechnung berufsmäßig vertreten wollen, auf ihren Antrag eingetragen.

§ 2. Die Eintragung ist nur zulässig, wenn der Antragsteller gemäß den §§ 3, 4 seine technische Befähigung und den Besitz der erforderlichen Rechtskenntnisse nachweist.

Im übrigen ist die Eintragung zu versagen:

1. wenn der Antragsteller nicht im Inlande wohnt;
2. wenn er das fünfundzwanzigste Lebensjahr nicht vollendet hat;
3. wenn er in der Verfügung über sein Vermögen durch gerichtliche Anordnung beschränkt ist;
4. wenn er sich eines unwürdigen Verhaltens schuldig gemacht hat. Als ein unwürdiges Verhalten sind politische, wissenschaftliche und religiöse Ansichten oder Handlungen als solche nicht anzusehen.

Wird die Eintragung gemäß Abs. 2 Nr. 4 versagt, so ist ausschließlich eine Beschwerde nach Maßgabe der folgenden Bestimmungen zulässig. Die Beschwerde ist innerhalb eines Monats nach der Zustellung der Entscheidung schriftlich bei dem Patentamt anzumelden. Über die Beschwerde entscheidet das Ehrengericht. Auf das Verfahren finden die Vorschriften des § 9 Abs. 2, 3 und der §§ 10, 11, 12 und 13 entsprechende Anwendung.

§ 3. Als technisch befähigt gilt, wer im Inland als ordentlicher Hörer einer Universität, einer technischen Hochschule oder einer Bergakademie sich dem Studium naturwissenschaftlicher und technischer Fächer gewidmet, alsdann eine staatliche oder akademische Fachprüfung bestanden, außerdem mindestens ein Jahr in praktischer gewerblicher Tätigkeit gearbeitet und hierauf mindestens zwei Jahre hindurch eine praktische Tätigkeit auf dem Gebiete des gewerblichen Rechtsschutzes ausgeübt hat.

Der Besuch ausländischer Universitäten oder Akademien und die Ausübung der praktischen Tätigkeit im Auslande kann durch Beschluß der Prüfungskommission (§ 4) als ausreichend anerkannt werden. Die Fachprüfung (Abs. 1) muß auch in diesem Falle im Inland abgelegt werden.

§ 4. Der Besitz der erforderlichen Rechtskenntnisse ist durch Ablegung einer Prüfung nachzuweisen. Zu derselben darf nur zugelassen werden, wer die technische Befähigung (§ 3) dargetan hat. Die Prüfung ist eine schriftliche und eine mündliche; sie ist insbesondere auch darauf zu richten, ob der Bewerber die Fähigkeit zur praktischen Anwendung der auf dem Gebiete des gewerblichen Rechtsschutzes geltenden Vorschriften besitzt.

Die Prüfung wird vor einer Kommission abgelegt, in welche Mitglieder des Patentamts und Patentanwälte durch den Reichskanzlers zu berufen sind.

Im Falle des Nichtbestehens kann die Prüfung nach Ablauf einer von der Prüfungskommission festzusetzenden Frist von mindestens sechs Monaten einmal wiederholt werden.

Die näheren Bestimmungen über die Zusammensetzung und den Geschäftsgang der Prüfungskommission und über das Prüfungsverfahren und die Prüfungsgebühr werden durch eine vom Bundesrate zu erlassende Prüfungsordnung getroffen.

§ 5. Der Patentanwalt ist verpflichtet, seine Berufstätigkeit gewissenhaft auszuüben und durch sein Verhalten in Ausübung des Berufs sowie außerhalb desselben sich der Achtung würdig zu zeigen, welche sein Beruf erfordert. Er wird auf die Erfüllung dieser Obliegenheiten durch Handschlag verpflichtet. Die Bestimmung des § 2 Abs. 2 Ziffer 4 findet Anwendung.

§ 6. Die Eintragung wird vom Patentamte gelöscht:

1. wenn der Eingetragene es beantragt;
2. wenn er gestorben ist;
3. wenn er keinen Wohnsitz im Inlande hat;
4. wenn er infolge gerichtlicher Anordnung in der Verfügung über sein Vermögen beschränkt ist.

§ 7. Die Eintragung ist ferner zu löschen, wenn nachträglich Tatsachen bekannt werden, welche nach § 2 Abs. 2 Nr. 4 die Versagung der Eintragung begründen, oder wenn der Eingetragene die ihm nach § 5 obliegenden Pflichten verletzt.

In leichteren Fällen der Pflichtverletzung kann statt der Löschung in der Liste als Ordnungsstrafe ein Verweis oder eine Geldstrafe bis zu dreitausend Mark verhängt werden. Geldstrafe kann mit Verweis verbunden werden.

§ 8. Die Entscheidung in den Fällen des § 7 erfolgt in einem ehrengerichtlichen Verfahren.

§ 9. Die Einleitung des Verfahrens wird vom Reichskanzler verfügt. Derselbe ernennt, falls er eine besondere Voruntersuchung für erforderlich hält, den untersuchungsführenden Beamten.

Der Angeschuldigte ist über die Anschuldigungspunkte zu hören.

In dem Verfahren kann jederzeit die Vernehmung von Zeugen und Sachverständigen angeordnet werden. Die Vorschriften der Strafprozeßordnung über die Beweisaufnahme und die Verteidigung finden entsprechende Anwendung. Als Verteidiger können Patentanwälte nicht zurückgewiesen werden.

§ 10. Zuständig zur Verhandlung und Entscheidung ist das Ehrengericht. Es besteht aus zwei Mitgliedern des Patentamts, einem rechtskundigen und einem technischen, sowie drei Patentanwälten. Den Vorsitz führt das rechtskundige Mitglied des Patentamts.

Zu der mündlichen Verhandlung der Sache ist der Angeschuldigte unter schriftlicher Mitteilung der Anschuldigungspunkte zu laden.

Die Vorschriften der Strafprozeßordnung über Ausschließung und Ablehnung der Gerichtspersonen finden entsprechende Anwendung.

Die mündliche Verhandlung ist nicht öffentlich. Das Ehrengericht kann die Öffentlichkeit der Verhandlung anordnen. Die Anordnung muß erfolgen, falls der Angeschuldigte es beantragt, sofern nicht die Voraussetzungen des § 173 des Gerichtsverfassungsgesetzes vorliegen.

§ 11. Die Entscheidung ist mit Gründen zu versehen, schriftlich auszufertigen und dem Angeschuldigten von Amts wegen zuzustellen.

Dem Angeschuldigten sind im Falle einer zu seinen Ungunsten ergehenden Entscheidung die baren Auslagen des Verfahrens zur Last zu legen.

§ 12. Gegen die Entscheidung steht dem Angeschuldigten die Berufung zu.

Die Berufung ist innerhalb eines Monats nach der Zustellung der Entscheidung schriftlich bei dem Patentamt einzulegen.

Über die Berufung entscheidet der Ehrengerichtshof. Er besteht aus drei Mitgliedern des Patentamts, von denen der Vorsitzende und ein Mitglied rechtskundig sein müssen, und vier Patentanwälten. Auf das Verfahren finden die Vorschriften des § 9 Abs. 2, 3 und der §§ 10, 11 entsprechende Anwendung.

§ 13. Stellt der Angeschuldigte vor rechtskräftiger Entscheidung den Antrag, seinen Namen in der Liste zu löschen, so ist das Verfahren einzustellen. Dem Angeschuldigten fallen die baren Auslagen des Verfahrens zur Last.

§ 14. Für jedes Jahr im voraus werden vom Reichskanzler diejenigen Mitglieder des Patentamts bestimmt, welche nach den §§ 10, 12 an dem Verfahren mitzuwirken haben, und zwanzig Patentanwälte bezeichnet, von welchen in einer öffentlichen Sitzung der Beschwerdeabteilung I des Patentamts für jede Spruchsitzung die erforderliche Anzahl von Beisitzern ausgelost wird.

§ 15. Die Eintragungen und Löschungen in der Liste der Patentanwälte sind zu veröffentlichen.

§ 16. Die Patentanwälte können für Personen, welche sie mit ihrer ständigen Vertretung im Verkehre mit dem Patentamte beauftragt haben, die Eintragung in eine besondere Spalte der Liste nachsuchen. Auf die Eintragung finden die Vorschriften der §§ 2 und 3 entsprechende Anwendung. Jedoch genügt es, wenn der Einzutragende das einundzwanzigste Lebensjahr vollendet und nach Ablegung der staatlichen oder akademischen Fachprüfung mindestens ein Jahr hindurch eine praktische Tätigkeit auf dem Gebiete des gewerblichen Rechtsschutzes ausgeübt hat. Im übrigen finden die Vorschriften der §§ 5 bis 13 auf diese Personen entsprechende Anwendung.

§ 17. Der Präsident des Patentamts ist befugt, Personen, welche, ohne in die Liste eingetragen zu sein, die Vertretung vor dem Patentamte berufsmäßig betreiben, von dem Vertretungsgeschäft auszuschließen. Auf Rechtsanwälte findet diese Vorschrift keine Anwendung.

§ 18. Die berufsmäßige Vertretung anderer Personen vor dem Patentamte darf Patentanwälten auf Grund der Vorschrift im § 35 Abs. 3 der Gewerbeordnung nicht untersagt werden.

§ 19. Mit Geldstrafe bis zu dreihundert Mark und im Unvermögensfalle mit Haft wird bestraft, wer, ohne als Patentanwalt eingetragen zu sein, sich als Patentanwalt bezeichnet oder sich einen ähnlichen Titel beilegt, durch den der Glaube erweckt wird, der Inhaber sei als Patentanwalt eingetragen.

§ 20. Auf diejenigen, welche zur Zeit des Inkrafttretens dieses Gesetzes das Vertretungsgeschäft für eigene Rechnung berufsmäßig betreiben, findet § 17 erst vom 1. April 1901 ab Anwendung. Wer von ihnen bis dahin die Erfüllung der im § 3 bezeichneten Voraussetzungen nachweist und die Zulassung zur Prüfung (§ 4) beantragt, kann, sofern nicht einer der im § 2 Abs. 2 bezeichneten Fälle vorliegt, bis zur endgültigen Entscheidung über seine Eintragung in die Liste vom Vertretungsgeschäfte nicht ausgeschlossen werden.

Wer zur Zeit des Inkrafttretens dieses Gesetzes das Vertretungsgeschäft für eigene Rechnung seit 1. Januar 1899 berufsmäßig betreibt, ist, sofern seine Geschäftsführung und sein Verhalten in Ausübung des Berufs sowie außerhalb desselben zu erheblichen Anständen keinen Anlaß gegeben hat, auf Antrag in die Liste der Patentanwälte einzutragen, auch wenn er die in den §§ 3 und 4 bezeichneten Voraussetzungen nicht erfüllt.

Der Antrag, über welchen die Prüfungskommission beschließt, ist spätestens bis zum 1. April 1901 zu stellen. Gegen eine den Antrag ablehnende Entscheidung steht dem Antragsteller die Beschwerde zu. Die Beschwerde ist innerhalb eines Monats nach der Zustellung der Entscheidung schriftlich bei dem Patentamt anzumelden. Über die Beschwerde entscheidet endgültig der Ehrengerichtshof (§ 12 Abs. 3). Auf das Verfahren finden die Vorschriften des § 9 Abs. 2, 3 und der §§ 10, 11 entsprechende Anwendung. Bis zur endgültigen Entscheidung kann der Antragsteller vom Vertretungsgeschäfte nicht ausgeschlossen werden.

§ 21. Wer seit dem 1. Januar 1899 das Vertretungsgeschäft berufsmäßig, wenn auch nicht auf eigene Rechnung, betreibt oder wer als technischer Beamter im Patentamte mindestens zwei Jahre hindurch tätig gewesen ist, kann, sofern er durch seine Tätigkeit und durch sein Verhalten zu erheblichen Anständen keinen Anlaß gegeben hat, auf seinen Antrag das Zeugnis über die Befähigung als ständiger Vertreter eines Patentanwalts (§ 16) erhalten, auch wenn er die Voraussetzungen des § 3 nicht erfüllt. Auf den Antrag und das weitere Verfahren finden die Vorschriften des § 20 Abs. 3 Anwendung.

Wer das Zeugnis erhalten hat, ist auf Antrag eines Patentanwalts, der ihn mit seiner ständigen Vertretung beauftragt hat, in die besondere Spalte der Liste (§ 16) einzutragen. Auf seinen eigenen Antrag ist er zur Prüfung (§ 4) zuzulassen und im Falle des Bestehens der Prüfung, sofern nicht einer der im § 2 Abs. 2 vorgesehenen Hinderungsgründe vorliegt, als Patentanwalt einzutragen.

Eine Entbindung von der Prüfung kann durch einstimmigen Beschluß der Prüfungskommission erfolgen, wenn der Besitz der erforderlichen Kenntnisse durch die bisherige Tätigkeit dargetan ist. Ein hierauf bezüglicher Antrag ist spätestens bis zum 1. Oktober 1901 zu stellen.

§ 22. Dieses Gesetz tritt am 1. Oktober 1900 in Kraft.

Solange die zur Ausführung dieses Gesetzes erforderliche Anzahl von Patentanwälten in die Liste noch nicht eingetragen ist, werden an deren Stelle durch den Reichskanzler Personen bestellt, welche bisher andere in Angelegenheiten des gewerblichen Rechtsschutzes für eigene Rechnung berufsmäßig vertreten haben.

Urkundlich unter Unserer Höchsteigenhändigen Unterschrift und beigedrucktem Kaiserlichen Insiegel.

Gegeben Wiesbaden, den 21. Mai 1900.

Wilhelm.

(L. S.) Graf von Posadowsky.

E. Bekanntmachung, betreffend die Prüfungsordnung für Patentanwälte,

vom 25. Juli 1900.

Auf Grund der Bestimmung im § 4 Abs. 4 des Gesetzes, betreffend die Patentanwälte, vom 21. Mai d. J. (Reichs-Gesetzbl. S. 233) hat der Bundesrat die folgende

Prüfungsordnung für Patentanwälte

beschlossen.

Prüfungsordnung für Patentanwälte.

§ 1.

Der Reichskanzler bestimmt für jedes Jahr im voraus diejenigen Mitglieder des Patentamts und diejenigen Patentanwälte, die der Prüfungskommission angehören sollen.

Die Abnahme der Prüfungen sowie die Beschlußfassung in den Fällen der §§ 3 Abs. 2, 16 Satz 2, 20 Abs. 3 und 21 des Gesetzes, betreffend die Patentanwälte, vom 21. Mai 1900 (Reichs-Gesetzbl. S. 233) erfolgt seitens der Prüfungskommission in der Besetzung von drei Mitgliedern, von denen zwei dem Patentamt, eines dem Stande der Patentanwälte oder der im § 22 des Gesetzes bezeichneten Personen angehören muß. Von den beiden dem Patentamt angehörenden Mitgliedern der Kommission muß mindestens ein Mitglied rechtskundig sein. Ein rechtskundiges Mitglied führt den Vorsitz. Die im einzelnen Falle zur Mitwirkung berufenen Mitglieder der Prüfungskommission werden von dem Präsidenten des Patentamts bestimmt.

§ 2.

Anträge, deren Erledigung der Prüfungskommission obliegt, sind an das Patentamt zu richten.

Es sind beizufügen:

1. ein eigenhändig geschriebener Lebenslauf,

2. die zur Begründung des Antrags nach dem Gesetz erforderlichen Nachweise.

§ 3.

Anträge, deren Erledigung die Abnahme der Rechtsprüfung (§ 4) voraussetzt, werden, nachdem festgestellt worden ist, daß der Zulassung zur Prüfung Bedenken nicht entgegenstehen, vom Präsidenten des Patentamts der Prüfungskommission überwiesen.

§ 4.

Die Prüfung über den Besitz der erforderlichen Rechtskenntnisse auf dem Gebiete des gewerblichen Rechtsschutzes (§ 4 des Gesetzes) zerfällt in eine schriftliche und eine mündliche.

Die schriftliche Prüfung geht der mündlichen vorauf und findet unter Aufsicht statt. Sie hat die Bearbeitung einer wissenschaftlichen und einer praktischen Aufgabe zum Gegenstande. Die Aufgaben werden vom Vorsitzenden der Prüfungskommission unter Festsetzung einer Frist für deren Lösung und unter Bezeichnung der zulässigen Hilfsmittel gestellt.

Vor Eintritt in die Prüfung ist an die Kasse des Patentamts eine Gebühr von 100 Mark zu zahlen, welche zur Hälfte zurückgezahlt wird, wenn der Antragsteller vor Beginn der Prüfung seinen Rücktritt erklärt.

§ 5.

Nachdem die schriftlichen Arbeiten von denjenigen Mitgliedern der Prüfungskommission, vor denen die mündliche Prüfung abgelegt werden soll, begutachtet worden sind, wird der Antragsteller zur mündlichen Prüfung geladen. Dieselbe ist nicht öffentlich. Zu einem Prüfungstermine sollen nicht mehr als drei Personen geladen werden.

§ 6.

Die Frage, ob die Prüfung bestanden sei oder nicht, wird nach dem Gesamtergebnisse der schriftlichen und mündlichen Prüfung durch Stimmenmehrheit entschieden.

Der Verlauf und das Ergebnis der Prüfung ist zu den Akten zu vermerken. Über das Ergebnis erhält der Antragsteller eine Bescheinigung.

Im Falle des Nichtbestehens kann, wenn die schriftlichen Arbeiten nach dem einstimmigen Urteile der Prüfungskommission den Anforderungen genügen, die Wiederholung der Prüfung auf die mündliche Prüfung beschränkt werden, sofern der Antrag auf Zulassung zu der wiederholten Prüfung innerhalb eines Jahres seit dem Tage der nicht bestandenen mündlichen Prüfung gestellt wird.

§ 7.

Versäumt der Antragsteller ohne genügende Entschuldigung zweimal den Termin zur schriftlichen oder mündlichen Prüfung, so kann die Prüfung durch Beschluß der Prüfungskommission als nicht bestanden erklärt werden.

Berlin, den 25. Juli 1900.

Der Reichskanzler.
Im Auftrage: Rothe.

FSC
www.fsc.org
MIX
Papier | Fördert gute Waldnutzung
FSC® C083411

Kolibri 360 GmbH
Ferdinand-Jühlke-Straße 7
99095 Erfurt, Deutschland
produktsicherheit@kolibri360.de